ESTUDIOS BÍBLICOS ACERCA DEL REINO DE DIOS

El EVANGELIO *del* REINO

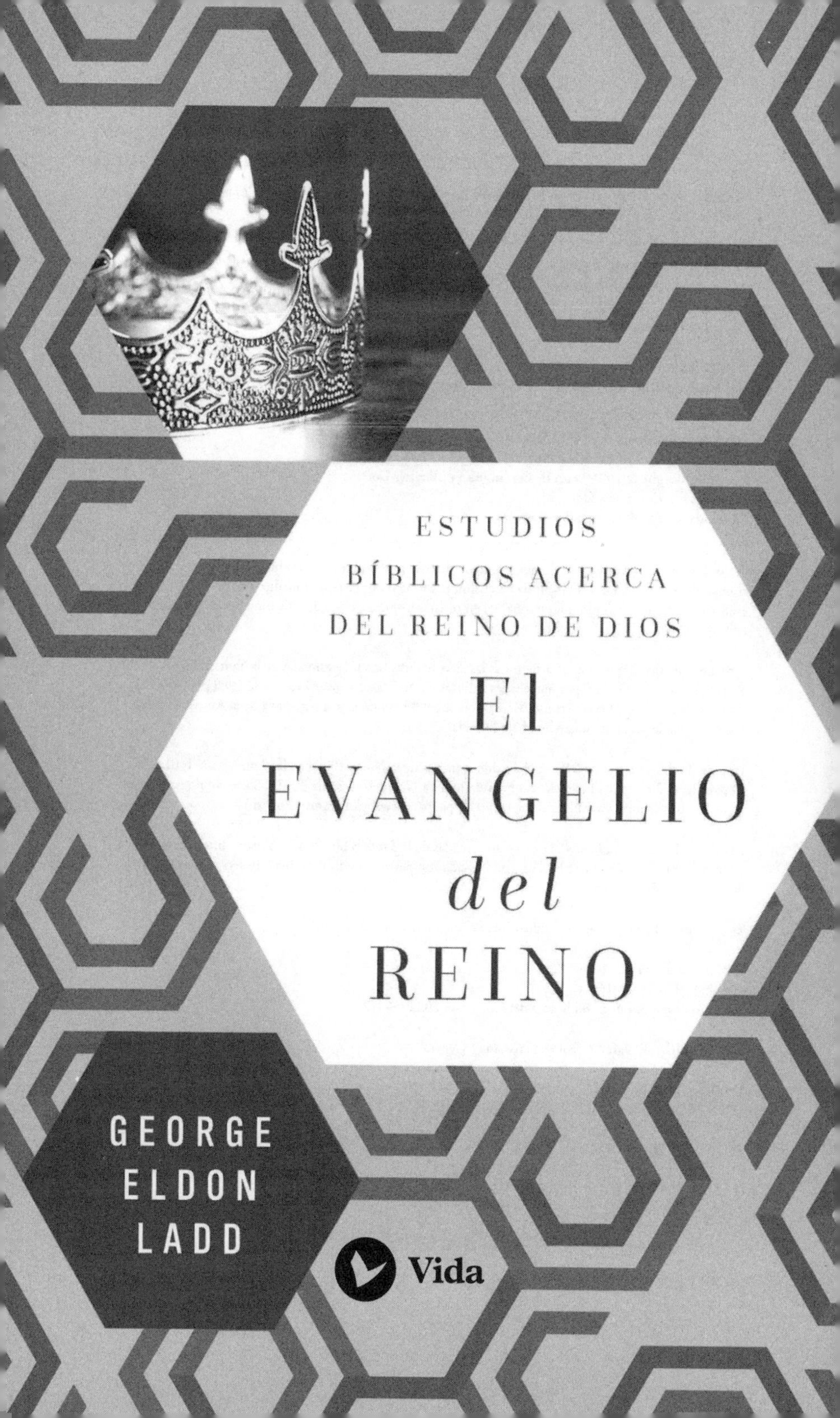
ESTUDIOS
BÍBLICOS ACERCA
DEL REINO DE DIOS
El
EVANGELIO
del
REINO
GEORGE
ELDON
LADD
Vida

La misión de Editorial Vida es ser la compañía líder en satisfacer las necesidades de las personas con recursos cuyo contenido glorifique al Señor Jesucristo y promueva principios bíblicos.

EL EVANGELIO DEL REINO
Edición en español publicada por
Editorial Vida, 1985 - 2022
Nashville, Tennessee

Este título también está disponible en formato electrónico.

Publicado originalmente en EUA bajo el título:
The Gospel of the Kingdom

Traducción, edición y adaptación del diseño al español: *Grupo Scribere*

ISBN: 978-0-82977-170-1
eBook: 978-0-82977-166-4
Número de control de la Biblioteca del Congreso: 2022934912

CATEGORÍA: Religión / Teología cristiana / General

IMPRESO EN ESTADOS UNIDOS DE AMÉRICA
PRINTED IN THE UNITED STATES OF AMERICA

22 23 24 25 26 LSC 9 8 7 6 5 4 3 2 1

PARA
CHARLES E. FULLER

Cuya voz ha llevado el evangelio del reino a
millones de personas por todo el mundo.

CONTENIDO

PREFACIO A LA EDICIÓN EN ESPAÑOL

Es un gran honor para mí escribir el prólogo de uno de los pensadores cristianos más significativos en mi crecimiento espiritual y formativo de mi desarrollo bíblico sobre lo que la biblia enseña respecto el reino de Dios y la nación de Israel. Al trabajar en una región bélica, arraigada en miles de años de conflictos, muchas veces me he preguntado por qué vale la pena nuestro trabajo. El doctor George Eldon Ladd me ayudó a ver que uno de los valores teológicos permanentes de la vida y el ministerio de Jesús es que «Dios todavía obra en la historia».

Dios y la historia

El doctor George Eldon Ladd debe ser uno de los pensadores cristianos más subestimados del siglo pasado y, sin embargo, lo considero uno de los más relevantes y necesarios para nuestro tiempo. Con amenazas de guerras en todas partes, la economía que colapsa a niveles sin precedentes y la sociedad cada vez más polarizada, las obras de Ladd, de manera oportuna, nos ayudan a ver la esperanza viva y el consuelo presente que tenemos en que Dios no ha terminado de obrar a través de la historia. Por esta razón, tener disponible al español las obras de Ladd para la iglesia de habla hispana hará que sean de gran bendición y empoderamiento a esta época de mucha dificultad y turbación.

Conocido por acuñar la frase: «Ya, pero todavía no», el doctor Ladd definió el reino de Dios como «el gobierno, dominio o autoridad real de Dios que entró en el mundo en la persona de su Hijo Jesucristo». En otras palabras, el reino de Dios, si bien es una promesa futura del siglo venidero, es también una realidad inaugurada en la persona de Cristo (Ladd, a esta naturaleza dúo del reino, hace referencia como el «ya, pero todavía no») para ser experimentada por los hombres en el presente siglo malo a través del nuevo nacimiento. Por esta razón, la proclamación del evangelio, aún en tiempos malos y bélicos, sigue siendo una esperanza viva y poderosa. «La vida eterna pertenece al reino de Dios, al siglo venidero —afirmó Ladd—. No obstante, esta también ha entrado en el presente siglo malo para que los seres humanos puedan experimentar la vida eterna en medio de la decadencia y la muerte».

Dios y la nación de Israel

Las obras del doctor George Eldon Ladd también son importantes para la discusión bíblica sobre Israel. Para sorpresa de algunos, Ladd no es dispensacional ni tampoco se remonta en la teología del pacto para interpretar lo que la Biblia enseña sobre Israel. Haciendo hincapié en el contexto bibliológico del reino de Dios, el mensaje central del evangelio, Ladd demuestra cómo Dios no ha terminado con la antigua nación judía. Por un lado, Ladd reconoce a la Iglesia como el nuevo Israel. Por otro lado, reconoce que «la idea bíblica del reino de Dios está profundamente arraigada en el Antiguo Testamento y basada en la confianza de que existe un Dios vivo y eterno, que se ha revelado a sí mismo a los hombres y tiene propósitos para la raza humana, los que ha determinado cumplir a través de Israel».

La postura que Ladd ofrece es formidable y oportuna en el día de hoy para la discusión bíblica sobre Israel. Por primera vez en 2000 años, la Iglesia cristiana existe junto a una próspera nación judía. Por la mayor parte de su historia, la Iglesia no ha tenido que considerar su identidad aparte de un Israel inexistente y un pueblo judío dispersado por los romanos desde el año 70 d. C. No obstante, todo eso cambió en el año 1948 cuando esta nación —destruida y dispersada, que salía desde las cenizas de los campos de exterminio nazi— regresó a la tierra que Dios les prometió hace 4000 mil años. Esto fue un evento que conmovió a las naciones del mundo y estremeció los fundamentos teológicos de aquellos que tenían por sentado la destrucción absoluta de la nación de Israel.

El trabajo recién empieza

Hoy se ha levantado una nueva ola de pensadores cristianos dispuestos a repensar muchas de las presuposiciones tomadas por sentado respecto al destino final de la nación judía y el pacto de Dios con ellos. Yo estoy convencido de que las obras de Ladd serán una contribución monumental a dicha discusión y nos servirá como base para muchos años. Mi deseo es que cada pastor, estudiante y amante de la Escritura lleguen a un pleno entendimiento de la obra del reino de Dios en un mundo tan caótico e impredecible, y de la voluntad y el propósito de Dios para con Israel y la Iglesia.

Jesse Rojo

Director de Philos Latino para The Philos Project, organización que promueve la participación positiva de los cristianos con el Cercano Oriente

Julio del 2022

PREFACIO

Es causa de regocijo para la iglesia de nuestra América Latina la publicación de este libro del doctor George E. Ladd sobre el reino de Dios. Desde que empecé a estudiar este importante tema, en parte bajo la tutela del mismo doctor Ladd, me ha parecido muy raro que se escuchen tan pocos mensajes sobre el reino. Esto es incomprensible especialmente si se tiene en cuenta que es el tema número uno en la predicación de las figuras centrales del Nuevo Testamento; primero de Juan el Bautista, luego de Jesucristo mismo, entonces de los discípulos cuando salieron a evangelizar durante el ministerio de Jesús y después de toda la iglesia al ir predicando el evangelio del reino por todo el mundo. Sin embargo, hoy en día muchos estudiantes de la Biblia y líderes de la iglesia están reconociendo, una vez más, la importancia de este tema. En diciembre de 1972 hubo por primera vez en la historia de la iglesia un congreso evangélico de teólogos latinoamericanos que escogieron el tema del reino de Dios como el foco de su investigación. En mi opinión, esto augura un despertar sano dentro del cristianismo evangélico, para que logremos un nivel más alto en la comprensión y en la predicación de las buenas nuevas.

El mensaje barato, fácil, raquítico y privado sobre las demandas más serias de Jesús, que muchos predicadores muy bien intencionados han dado al mundo, no corresponde al llamamiento serio, profundo y costoso que Jesús anunciaba en el primer siglo. No obstante, gracias a Dios, el evangelio del reino que se presenta en este libro sí concuerda con el mensaje del discipulado serio de Cristo.

Por eso siento un placer profundo al escribir una palabra de elogio sobre este estudio del doctor Ladd. No ha escrito para los eruditos, sino para los pastores y los laicos capaces de nuestras iglesias; a pesar de esto, su erudición se aprecia en cada página. La estatura de un maestro se nota cuando puede presentar temas difíciles de la Biblia y hacerse entender. Así que espero que muchos líderes de la iglesia lo lean, lo estudien y lo usen en clases bíblicas para jóvenes y adultos. Las enseñanzas aquí expuestas profundizarán la consagración y el ministerio de todos los que tengan contacto con ellas.

El autor nos hace entender que el reino de Dios es un concepto bíblico muy complejo. Jesús nunca dio una definición de él. A veces parece ser algo del presente, en ocasiones del futuro; aquí indica el rey y su autoridad, allá señala los sujetos del reino; en unos versículos los hombres pueden entrar en el reino ahora en este tiempo, y en otros, entran en el futuro. Requiere de una maestría extraordinaria lograr una coordinación lógica y satisfactoria de todos los elementos involucrados. Creo que el doctor Ladd ha cumplido con esta difícil tarea. Explica que el reino es básicamente el gobierno, dominio o autoridad real de Dios, que entró en el mundo en la persona de su Hijo, Jesucristo, con el propósito de derrotar las fuerzas del mal encabezadas por Satanás y de librar a los hombres que se quedaban esclavizados por el pecado. En el presente, la liberación es parcial; solo en la venida futura de Jesús se logrará la liberación total de los hijos de Dios. Así que el reino es un poder salvador tanto en el presente como en el futuro.

Los poderes de Dios que actuarán en plenitud en la edad venidera están operando en forma parcial en este siglo malo. Este mismo hecho nos da la seguridad de la victoria final de las fuerzas sobre las huestes del mal en el clímax de la historia.

La solución final de Dios terminará los problemas de nuestros días que nos parecen insolubles: los elementos apocalípticos en nuestra historia contemporánea, la contaminación horrible de nuestro ambiente por la mala mayordomía del hombre, el crecimiento espantoso de población y la deshumanización y esclavitud de millones de personas. Frente a estos problemas, el hombre moderno se está haciendo preguntas serias sobre el destino del mundo. ¿Cuánto tiempo más nos resta antes del fin del mundo? El gran interés en cuestiones de la escatología ha dado lugar a la explotación de miles de personas por los astrólogos, falsos maestros y gurús, que tienen su propia interpretación de la historia, al menos de la situación contemporánea. Aun entre los evangélicos aparecen libros sobre el futuro, pero no todos concuerdan con una sana exégesis de la Biblia. En esta situación me huelga muchísimo la publicación de este libro que da una presentación bíblica, sana y sensata del plan de salvación, cuyo desenlace al fin de esta edad ha sido encausado por Dios.

Algunos lectores de habla castellana tendrán que entender que este libro ha sido escrito en otro ambiente que el de la caldera candente y revolucionaria de América Latina. Aunque el doctor Ladd distingue el reino y la iglesia, realmente no presenta ninguna conclusión sobre el problema de la relación entre el reino de Dios en este tiempo, el pueblo del reino y el mundo en el que vivimos. ¿Hasta qué punto debemos buscar la justicia de Dios en este tiempo y en esta tierra? ¿Hasta qué punto hay continuidad o separación entre el reino de Dios y el del mundo? Si el mundo le pertenece a Dios, y si su autoridad ha sido compartida con sus hijos en la tierra, ¿hasta qué punto debemos tratar de imponer en este mundo los principios del reino? Aunque hay varios libros que tratan de este tema desde otros puntos de vista, algún otro autor del área y contexto latinoamericanos debe reflexionar sobre estos problemas y seguir con el trabajo del doctor Ladd, edificando sobre su fundamento sólido y relacionándolo todo a la problemática de América Latina.

Gracias a Dios por este comienzo. Esperamos que pronto salgan otros estudios de este alto nivel que nos ayuden a cumplir con nuestro cometido delante de Dios en esta parte de su mundo.

Jorge A. Gay C.
Santa Bárbara de California
Junio de 1973

PRÓLOGO POR EL AUTOR

Los estudiantes de la Biblia comprometidos suelen olvidar que el estudio y la interpretación de la Escritura jamás deben ser un fin en sí mismo. Dios le entregó al hombre su palabra con un fin práctico: «A fin de que el hombre de Dios sea perfecto, enteramente preparado para toda buena obra» (2 Ti 3:17). Cuando entre el salón de clases y el púlpito se interpone una gran brecha, esto con frecuencia resulta en esterilidad en las clases y superficialidad en el púlpito.

El presente autor ha considerado a fondo el estudio técnico de la doctrina bíblica del reino de Dios. Este ha sido el tema del Nuevo Testamento que se ha debatido con más vehemencia. Sin embargo, el reino de Dios fue el mensaje central del ministerio de nuestro Señor. Él recorrió «… toda Galilea […] predicando el evangelio del reino» (Mt 4:23). Con frecuencia este elemento de proclamación se ha perdido en medio del debate y la polémica.

Las páginas que siguen son una proclamación. Si bien es evidente que bajo esta proclamación subyace un punto de vista determinado, el cometido no es defender ese punto de vista, o discutir interpretaciones alternativas o problemas críticos y teológicos, sino procurar seguir el ejemplo de nuestro Señor al proclamar las buenas nuevas.

Los estudios aquí incluidos fueron originalmente presentados desde el púlpito y en conferencias bíblicas. Estos fueron registrados y adaptados para su publicación. Por tanto, el estilo es sencillo y directo, el objetivo es devocional y práctico y su apelación es al corazón y a la voluntad. A la publicación de este libro la acompaña una oración para que la realidad del reino de Dios bendiga las vidas de muchos lectores como lo ha hecho con la del autor.

George Eldon Ladd
Pasadena, California

INTRODUCCIÓN

La escatología siempre ha sido un tema fascinante. Este halla interés tanto en cristianos como en aquellos que no son cristianos, pues todos sienten curiosidad por el futuro. Esa es la razón de que siempre hayan existido magos y adivinos. Hoy, particularmente, el ser humano anhela conocer lo que vendrá. Sin embargo, fuera de la Palabra de Dios, todo es especulación; solo ella revela el propósito divino para el presente y el futuro.

He leído muchos libros sobre profecía y conozco sus varias escuelas de pensamiento e interpretación. Sin duda se ha escrito mucho sobre el reino de Dios. No obstante, entre todas las obras que he leído nunca he encontrado una que con tanta claridad y base bíblica examine el reino como lo hace este libro del doctor Ladd, *El evangelio del reino*.

El doctor Ladd explica que el reino de Dios pertenece tanto al presente como al futuro. Él concibe el reino como la legislación, la autoridad y el gobierno de Dios en esta era en los corazones y las vidas de quienes lo obedecen y en la siguiente era sobre toda la tierra. El doctor Ladd lo resume en el capítulo dos de la manera siguiente:

> El reino de Dios es básicamente su gobierno, su reinado, la soberanía divina en acción. Sin embargo, el reino de Dios se manifiesta en varias esferas, y los evangelios hablan de entrar al reino tanto ahora como en el futuro. El reino de Dios se manifiesta en el futuro y en el presente; por tanto, crea una realidad actual y una futura en las cuales el hombre puede experimentar las bendiciones de ese reinado.

Su interpretación de las parábolas sobre el tema es muy esclarecedora. Él no considera que se debe hallar una interpretación para todo detalle en ellas. En realidad, entiende el reino en el sentido de que aunque es insignificante en su apariencia actual, aun así es una realidad y está destinado a dominar el mundo. Dios reinará sobre todos un día. Esta comprensión es muy distinta a las interpretaciones usuales que proponen las varias escuelas de estudios proféticos. Dicha interpretación debería dar ánimos al desanimado y esperanza al que la ha perdido. Sin importar su apariencia, el reino de Dios triunfará al final. Nada se le resiste.

La interpretación del doctor Ladd sobre el Sermón del monte es la más clara que he leído. Nadie que la estudie puede acabar sin ser confrontado en su conciencia. Esta aborda directamente las prácticas y las enseñanzas de nuestro día; confronta sin titubeos el divorcio, la lujuria, la ira, los juramentos, etc. Su interpretación es evangelística y bíblica en todo sentido y hará de la Biblia un libro nuevo para el lector.

A mi parecer, es crucial el énfasis del autor sobre la necesidad absoluta de una decisión con todo lo que esto conlleva. El doctor Ladd no banaliza el costo; el discipulado siempre tiene un precio que se debe pagar. El joven rico debía darlo todo. El gobierno de Dios exige sumisión absoluta y sus integrantes deben poner a Dios por sobre todas las cosas. Solo se entra al reino cuando se ha tomado una decisión y se ha pagado el precio.

Además, el autor aclara que la Iglesia debe predicar el evangelio del reino hasta el final de la era y que el Rey regresará solo cuando se haya completado dicho cometido.

Mi anhelo es que ministros, estudiantes y cristianos en el ministerio estudien este libro. Además, deseo felicitar al doctor Ladd por haber escrito esta obra. Sin duda ha hecho una gran contribución a la iglesia actual.

Oswald J. Smith
Los Ángeles
Febrero de 1959

— 1 —

¿QUÉ ES EL REINO DE DIOS?

Vivimos en una época maravillosa, aunque llena de temores. Maravillosa por las asombrosas conquistas de la ciencia moderna que nos ha provisto de comodidades y de una prosperidad jamás soñadas el siglo pasado. Grandes pájaros metálicos atruenan los aires, salvando miles de millas en unas cuantas horas. Palacios flotantes ofrecen al viajero oceánico los lujos que tienen los más elegantes hoteles del mundo. El automóvil ha liberado al hombre y le permite explorar por sí mismo lugares y paisajes que para sus abuelos estaban confinados a los libros de relatos. La energía eléctrica ha puesto al servicio de las más humildes amas de casa numerosos esclavos mecánicos. La ciencia médica ha dominado la peste, la viruela y otros flagelos del bienestar físico y está a punto de lograr otras conquistas asombrosas.

¡Es una era maravillosa! Sin embargo, la felicidad y la seguridad parecen más difíciles que nunca, pues encaramos riesgos y peligros de dimensiones sin precedentes. Hemos terminado victoriosamente una guerra en la cual las bases de la libertad humana estuvieron amenazadas; con todo, las columnas de la prensa se llenan de historias increíbles de actos de supresión de la libertad humana, y la lucha por los derechos humanos prosigue. Nuevos descubrimientos sobre la estructura de la materia han abierto perspectivas de bendición inimaginables para el bienestar físico del hombre. No obstante, tales descubrimientos tienen la capacidad de destruir la sociedad entera si caen en las manos de gente criminal.

En una época como esta, maravillosa aunque temible, el ser humano se plantea preguntas inquietantes. ¿Qué significa todo esto? ¿Hacia dónde vamos? ¿Cuál es el sentido y el propósito de la historia humana? El hombre se preocupa hoy no solo por el individuo y el destino de su alma, sino también por el significado de la historia misma. ¿Tiene la humanidad un destino determinado, o es que saltamos sobre el escenario de los tiempos como títeres de madera tan solo para ver un día en que los actores, el escenario y el teatro mismo son destruidos por fuego, dejando solo un montón de cenizas y olor a humo?

En tiempos antiguos, poetas y adivinos deseaban una sociedad ideal. Hesíodo soñó con una edad dorada perdida en el pasado lejano, pero no vio brillo alguno en el presente, tuvo inquietud constante por el mañana y no albergó ninguna esperanza en el futuro. Platón describió un estado ideal organizado sobre principios filosóficos; pero él mismo comprendió que su plan era demasiado idealista para realizarse. Virgilio cantó de alguien que libraría al mundo de sus padecimientos y por quien «el gran discurrir de las edades comenzaría de nuevo».

La fe de hebreos y cristianos expresa su esperanza desde el punto de vista del reino de Dios. Esta esperanza bíblica no es de la misma categoría de los sueños de los poetas griegos, sino que es parte del corazón mismo de la religión revelada. La idea bíblica del reino de Dios está profundamente arraigada en el Antiguo Testamento y está basada en la confianza de que existe un Dios vivo y eterno, que se ha revelado a sí mismo a los hombres y tiene propósitos para la raza humana, los que ha determinado cumplir a través de Israel. Por tanto, la esperanza bíblica es una esperanza religiosa; es un elemento esencial en la voluntad revelada y la obra redentora del Dios vivo.

Así, los profetas anunciaron que un día los hombres vivirán juntos y en paz. Entonces Dios «... juzgará entre las naciones, y reprenderá a muchos pueblos; y volverán sus espadas en rejas de arado, y sus lanzas en hoces; no alzará espada nación contra nación, ni se adiestrarán más para la guerra» (Is 2:4). No solo se resolverán los problemas de la sociedad humana, sino que también los males del medio ambiente dejarán de existir. «Morará el lobo con el cordero, y el leopardo con el cabrito se acostará; el becerro y el león y la bestia doméstica andarán juntos, y un niño los pastoreará» (Is 11:6). Paz, salud, seguridad, todo fue prometido para un futuro feliz.

Luego vino Jesús de Nazaret con el anuncio de: «... Arrepentíos, porque el reino de los cielos se ha acercado» (Mt 4:17). El tema de la venida del reino de Dios fue lo central de su misión. Sus enseñanzas tenían el propósito de mostrarle al ser humano cómo podía entrar en el reino de Dios (Mt 5:20; 7:21). Sus milagros poderosos buscaban probar que el reino de Dios había venido a ellos (Mt 12:28). Sus parábolas ilustraban a sus discípulos la verdad sobre el reino de Dios (Mt 13:11). Además, cuando enseñó a orar a sus seguidores, en el corazón mismo de su petición estaban las palabras: «Venga tu reino. Hágase tu voluntad, como en el cielo, así también en la tierra» (Mt 6:10). En la víspera de su muerte, aseguró a sus discípulos que compartiría con ellos la felicidad y el compañerismo del reino nuevamente (Lc 22:22-30). Además, prometió que volvería al mundo en gloria a traer las bendiciones del reino para quienes fueron preparadas (Mt 25:31, 34).

Cuando preguntamos a la iglesia cristiana: «¿Qué es el reino de Dios? ¿Cuándo y cómo vendrá?», recibimos una aplastante diversidad de explicaciones. Existen pocos temas tan prominentes en la Biblia que hayan recibido tan radical diversidad de interpretaciones como el del reino de Dios.

Algunos, como Adolf van Harnack, redujeron el reino de Dios a una realidad subjetiva y lo explicaron desde la perspectiva del espíritu humano y su relación con Dios. El reino de Dios comprende poderes que penetran en el alma humana y se apoderan de ella. Consiste de unas cuantas verdades religiosas básicas de aplicación universal. Las más recientes interpretaciones de C. H. Dodd conciben el reino de Dios como lo absoluto, como la «completa otredad» que ingresó en el tiempo y en el espacio en la persona de Jesús de Nazaret.

Al otro extremo se encuentran los que, como Albert Schweitzer, definen el mensaje de Jesús sobre el reino como una realidad apocalíptica que será inaugurada por acción sobrenatural de Dios cuando el quehacer histórico se detenga e inicie su existencia un nuevo orden celestial. El reino de Dios en ningún sentido es una realidad espiritual de la actualidad; en él se aúnan lo futuro y lo sobrenatural.

Otro tipo de interpretación relaciona el reino de Dios de una manera u otra con la iglesia. Desde los tiempos de san Agustín el reino ha sido identificado con la iglesia. Conforme crece la iglesia, el reino crece y se extiende por el mundo. Muchos teólogos protestantes han promulgado una modificación de esta interpretación al sostener que el reino de Dios puede ser identificado con la iglesia verdadera comprendida en la iglesia profesante visible. Conforme la iglesia lleva el evangelio por el mundo entero, se extiende el reino de Dios. Una versión optimista sostiene que la misión de la iglesia es ganar para Cristo al mundo entero y así transformar al mundo en el reino de Dios. El evangelio es la redención sobrenatural en Cristo Jesús, y el reino será establecido al proclamar la iglesia el evangelio. El evangelio no solo debe ofrecer una salvación en la vida futura para los que creen, sino que también debe transformar todas las relaciones de la vida actual para que así prevalezca el reino de Dios en el mundo. El evangelio de redención por la gracia tiene poder para salvar en los órdenes social, económico y político, además de las almas de los creyentes individuales. El reino de Dios es como un poco de levadura puesta en la masa: de forma lenta pero constante la impregna hasta que resulta toda leudada. Así mismo, el reino de Dios transforma el mundo por una permeación lenta y gradual.

Otros conciben que el reino de Dios es esencialmente un modelo ideal para la sociedad humana. El reino no está primordialmente interesado en la salvación personal o en el futuro, sino en los problemas sociales de la actualidad. El ser humano edifica el reino de Dios conforme se esfuerza para alcanzar el orden social ideal y procura resolver los problemas de la pobreza, las enfermedades, las relaciones laborales, las desigualdades sociales y las relaciones entre razas. La tarea principal de la iglesia es edificar el reino de Dios. Los interesados en la historia de la interpretación hallarán un estudio breve pero abarcador con la documentación pertinente en el libro del presente autor titulado *Crucial Questions About the Kingdom of*

El evangelio no solo debe ofrecer una salvación en la vida futura para los que creen, sino que también debe transformar todas las relaciones de la vida actual para que así prevalezca el reino de Dios en el mundo.

God [Preguntas cruciales sobre el reino de Dios] (Grand Rapids, MI: Eerdmans, 1952).

A la luz de tanta diversidad de interpretaciones en el decurso histórico de la teología cristiana, muchos lectores reaccionarán y dirán: «Abandonemos las interpretaciones humanas. Vayamos directo a la Palabra de Dios para buscar lo que dice sobre su reino». El hecho confuso está en que cuando nos remitimos a la Escritura, encontramos casi la misma diversidad aplastante de declaraciones sobre el reino de Dios. Si usted toma una concordancia de la Biblia, busca todas las referencias solo del Nuevo Testamento donde aparece la palabra «reino», hace un resumen breve de cada versículo y lo escribe en un papel, probablemente no sabrá qué hacer con la complejidad de las enseñanzas que ofrecen.

La Palabra de Dios *dice* que su reino es una realidad espiritual del presente. «Porque el reino de Dios no es comida ni bebida, sino justicia, paz y gozo en el Espíritu Santo» (Ro 14:17). La justicia, la paz y el gozo son frutos del Espíritu que Dios concede ahora a los que sujetan sus vidas a las normas del Espíritu. Estas tienen que ver con las más profundas fuentes de la vida espiritual, y esto, dice el apóstol inspirado, es el reino de Dios.

Al mismo tiempo, el reino es una herencia que Dios legará a su pueblo cuando Cristo venga en gloria. «Entonces dirá el Rey a los que estén a su derecha: "Vengan ustedes, a quienes mi Padre ha bendecido; reciban su herencia, el reino preparado para ustedes desde la creación del mundo"» (Mt 25:34, NVI). ¿Cómo puede el reino de Dios ser una realidad espiritual presente al mismo tiempo que es una herencia otorgada al pueblo de Dios en la segunda venida de Cristo?

Otra faceta de la verdad del reino refleja que este es un dominio al que han entrado los seguidores de Cristo Jesús. Pablo dice que Dios «... nos ha librado de la potestad de las tinieblas, y trasladado al reino de su amado Hijo» (Col 1:13). Este versículo pone en claro que los redimidos ya están en el reino de Cristo. Sin duda podrá objetarse que debemos distinguir el reino de Dios del reino de Cristo; pero esto parece imposible, ya que el reino de Dios también es el reino de Cristo (Ef 5:5; Ap 11:15). Es más, nuestro Señor describe a los que reciben su mensaje y misión como los que *ahora* entran en el reino de Dios (Lc 16:16).

Al mismo tiempo, el reino de Dios es una realidad futura a la cual ingresaremos cuando Cristo venga. Pedro aguarda el día cuando «… os será otorgada amplia y generosa entrada en el reino eterno de nuestro Señor y Salvador Jesucristo» (2 P 1:11). Aun nuestro Señor Jesucristo con frecuencia se refirió a este suceso futuro: «Y os digo que vendrán muchos del oriente y del occidente, y se sentarán con Abraham e Isaac y Jacob en el reino de los cielos» (Mt 8:11).

El advenimiento de este reino futuro será acompañado de gran gloria. Jesús habló del día cuando los ángeles «… recogerán de su reino a todos los que sirven de tropiezo, y a los que hacen iniquidad […]. Entonces los justos resplandecerán como el sol…» (Mt 13:41, 43). Por otro lado, cuando los fariseos le preguntaron cuándo vendría el reino de Dios, Jesús contestó: «… El reino de Dios no vendrá con advertencia, ni dirán: Helo aquí, o helo allí; porque he aquí el reino de Dios está entre vosotros» (Lc 17:20-21). El reino ya está presente en medio de los hombres; y Jesús desalentó rotundamente a los fariseos a buscar un reino de Dios futuro que vendría con señales visibles de gloria.

Las parábolas del reino aclaran que en algún sentido el reino está presente y actúa en el mundo. El reino de Dios *es* como una semilla muy pequeña que germina y se convierte en un árbol gigantesco; *es* como la levadura que un día habrá leudado toda la masa (Lc 13:18-21). Sin embargo, por otro lado, cuando Pilato interrogó a

Jesús sobre su enseñanza, Jesús respondió: «... Mi reino no es de este mundo...» (Jn 18:36).

La complejidad de las enseñanzas bíblicas sobre el reino de Dios es uno de los motivos de que hayan surgido tan diversas interpretaciones en el curso de la historia de la teología. Pueden citarse versículos aislados en apoyo de la mayoría de las interpretaciones que pueden encontrarse en nuestra literatura teológica. El reino es una realidad presente (Mt 12:28), y, sin embargo, es una bendición futura (1 Co 15:50). Es una bendición redentora que es espiritual e interna (Ro 14:17) y puede sentirse solamente por medio del nuevo nacimiento (Jn 3:3); pero también tendrá que ver con el gobierno de las naciones del mundo (Ap 11:15). El reino es una realidad en la cual entran hoy los hombres (Mt 21:31), pero a la vez es una realidad donde entrarán en el futuro (Mt 8:11). El reino es al mismo tiempo un don de Dios que él nos entregará en el futuro (Lc 12:32) y uno que debe recibirse en el presente (Mt 10:15). Obviamente ninguna explicación sencilla le hace justicia a tan rica y abundante variedad de enseñanzas.

No obstante, existe una solución básica a este problema complejo que nos da una clave de significado para abrir una puerta hacia los tesoros de bendiciones y comprensión. Esta clave provee el enfoque más sencillo a este complejo y variado conjunto de verdades bíblicas. Es una clave que a menudo no advertimos debido a la diferencia entre expresiones idiomáticas modernas y antiguas.

Debemos hacer la pregunta fundamental: ¿qué significa «reino»? La respuesta moderna a esta pregunta pierde la clave de significado hacia esta antigua verdad bíblica. En nuestros idiomas occidentales modernos, un reino es primordialmente un dominio sobre el cual un rey ejerce su autoridad. No quedan muchos reinos en nuestro mundo moderno de intereses democráticos; pero pensamos en el Reino Unido de Gran Bretaña e Irlanda del Norte como el grupo de países que reconocen a la reina como su soberana. El diccionario sigue esta misma idea cuando define reino como: «Estado cuya organización política es una monarquía».[1]

Una segunda acepción de reino se refiere al pueblo que pertenece a un mismo dominio. El reino de Gran Bretaña puede concebirse como los ciudadanos sobre quienes la reina ejerce su gobierno; ellos son los súbditos del reino.

La aplicación exclusiva de cualquiera de estas dos ideas a las enseñanzas bíblicas del reino nos lleva a una interpretación errada de la verdad bíblica. Algunos definen el reino de Dios como «realidad espiritual que tiene como jefe a Dios». Esta definición no puede hacer justicia a los versículos que hablan de la venida del reino con señales de gloria y poder en la segunda venida de Cristo. Por otro lado, quienes dan preferencia a la idea de que el reino de Dios es una realidad futura que será inaugurada en la segunda venida de Cristo no pueden hacer justicia a las enseñanzas que hablan del reino de Dios como una realidad espiritual presente.

Aun más, los que sustentan la idea de que el reino es un pueblo fundamentan su definición al identificar al reino con la iglesia, y para esto hay poca base bíblica.

Tenemos que dejar a un lado los modismos modernos del idioma si queremos comprender la terminología bíblica. A este respecto el diccionario inglés de Webster nos proporciona una clave cuando nos ofrece la primera de sus acepciones: «El rango, calidad, o atributo de un rey; autoridad real; dominio; monarquía; reino. *Arcaísmo*». Desde el punto de vista del uso lingüístico moderno, esta definición puede ser arcaica; pero precisamente este arcaísmo es lo que se necesita para comprender la enseñanza bíblica antigua. El significado *primario* de la palabra hebrea *malkút* del Antiguo Testamento y la palabra griega *basileía* del Nuevo Testamento es el rango, la autoridad y la soberanía

1. Definición tomada del *Diccionario de la Real Academia Española,* consultado el 9 de agosto del 2021: https://dle.rae.es/reino?m=form.

ejercidos por el rey. Un *basileía* puede ser un dominio sobre el cual el soberano ejerce su autoridad; y puede ser la gente perteneciente a este dominio y sobre quienes la autoridad es ejercida; pero estos conceptos son acepciones secundarias y derivadas. En primer lugar, el reino es autoridad de gobernar, es la soberanía del rey.

Este significado primario de la palabra «reino» se usa en el Antiguo Testamento para describir el gobierno del rey. Esdras 8:1 habla del regreso de Babilonia «en el reinado» de Artajerjes, es decir, en su reino. En 2 Crónicas 12:1 se habla del establecimiento del reino o gobierno de Roboam. Daniel 8:23 se refiere al final de su reinado o gobierno. Este uso del vocablo «reino» como reinado humano también puede encontrarse en pasajes tales como Jeremías 49:34; 2 Crónicas 11:17; 12:1; 26:30; Esdras 4:5; Nehemías 12:22, etc.

Cuando la Palabra menciona el reino de Dios, siempre se refiere a su señorío, su gobierno, su soberanía, mas no a la realidad sobre la cual ejerce autoridad. Salmos 103:19: «Jehová estableció en los cielos su trono, y su reino domina sobre todos». El reino de Dios, su *malkút*, es su gobierno universal, su soberanía sobre la tierra. Salmos 145:11: «La gloria de tu reino digan, y hablen de tu poder». En el paralelismo de la poesía hebrea, las dos líneas expresan la misma verdad. El reino de Dios es su poder. Salmos 145:13: «Tu reino es reino de todos los siglos, y tu señorío en todas las generaciones». El *dominio* del gobierno de Dios comprende cielo y tierra, pero este versículo no hace referencia a la permanencia de esta realidad. Es el gobierno de Dios lo que es eterno. Daniel 2:37:

Cuando la Palabra menciona el reino de Dios, siempre se refiere a su señorío, su gobierno, su soberanía, mas no a la realidad sobre la cual ejerce autoridad.

«Tú, oh rey, eres rey de reyes; porque el Dios del cielo te ha dado reino, poder, fuerza y majestad». Note los sinónimos de reino: poder, fuerza, majestad; todas expresiones de autoridad. Estos términos identifican el reino como el «gobierno» que Dios ha dado al rey. De Belsasar se ha escrito: «… Contó Dios tu reino, y le ha puesto fin» (Dn 5:26). Es evidente que el dominio sobre el cual Belsasar gobernaba no fue destruido. El *territorio* y el *pueblo* babilónicos no fueron exterminados, sino que ambos fueron transferidos a otro gobernante. Fue el gobierno de su rey lo que llegó a su fin y se le entregó a Darío, el Medo (Dn 5:31).

Una referencia en nuestros Evangelios pone bien claro este significado. Leemos en Lucas 19:11-12 lo siguiente: «Oyendo ellos estas cosas, prosiguió Jesús y dijo una parábola, por cuanto estaba cerca de Jerusalén, y ellos pensaban que el reino de Dios se manifestaría inmediatamente. Dijo, pues: Un hombre noble se fue a un país lejano, para recibir un reino *[basileía]* y volver». El señor noble no fue a tomar posesión de una tierra, un área sobre la cual gobernar. La realidad sobre la cual deseaba gobernar estaba a la mano. El territorio sobre el cual iba a gobernar era el lugar que dejó. El problema era que él no era rey. Necesitaba autoridad, el derecho a gobernar. Fue a obtener un «reino»; esto es, realeza, autoridad. La Nueva Versión Internacional (NVI) lo traduce como «para ser coronado rey».

Lo mismo había ocurrido algunos años antes del tiempo de nuestro Señor. En el 40 a. C. las condiciones políticas de Palestina se habían tornado caóticas. Los romanos habían subyugado al país en el 63 a. C., pero la estabilidad lograda se había obtenido en forma lenta. Herodes el Grande finalmente fue a Roma, obtuvo del senado romano el reino y fue declarado rey. Herodes esencialmente fue a un país lejano a obtener un reino: la autoridad de gobernar sobre los judíos en Judea. Es posible que el Señor tuviera este asunto en mente cuando pronunció su parábola. De todas formas esto ilustra el significado fundamental de reino.

El reino de Dios es su realeza, su gobierno, su autoridad. Una vez que se comprende esto, podemos leer todo el Nuevo Testamento y examinar pasaje tras pasaje en los cuales resulta evidente este significado, donde el reino no es una realidad física o un pueblo determinado, sino el señorío o reinado de Dios. Jesús dijo que debemos recibir «el reino de Dios» (Mr 10:15) como niños. ¿Qué se recibe? ¿La iglesia? ¿El cielo? Lo que recibimos es el gobierno de Dios. Para entrar en la futura realidad del reino, uno debe someterse en plena confianza al gobierno de Dios aquí y ahora.

Para entrar en la futura realidad del reino, uno debe someterse en plena confianza al gobierno de Dios aquí y ahora.

También se nos dice: «Mas buscad primeramente el reino de Dios y su justicia...» (Mt 6:33). ¿Cuál es el objetivo de nuestra indagación? ¿La iglesia? ¿El cielo? No; debemos buscar la justicia de Dios, su autoridad, su gobierno, su reinado en nuestras vidas.

Cuando oramos «venga tu reino», ¿estamos pidiendo que venga el cielo a la tierra? En cierto sentido estamos pidiendo esto; pero el cielo es objeto de deseo solo porque el reino de Dios será más perfectamente realizado en nosotros de lo que lo está ahora. Aparte del reino de Dios, el cielo carece de significado. Por tanto, lo que pedimos es: «Venga tu reino, *hágase tu voluntad* en la tierra como en el cielo». Esta oración es una petición para que Dios reine, para que manifieste su soberanía y poder reales, para derrotar a todos los enemigos de la justicia y de su gobierno divino, de modo que solo Dios pueda ser Rey sobre el mundo.

Sin embargo, un reino sin un dominio sobre el cual ejercer la autoridad carece de significado. Por eso encontramos que el reino de Dios es también la realidad en la cual podemos experimentarlo. No obstante, una vez más los hechos bíblicos no resultan sencillos. A veces la Biblia habla del reino como dominio en el cual entramos en la actualidad; a veces habla como si fuera en el futuro.

Aparece en sentido futuro en versículos como Marcos 9:47: «... mejor te es entrar en el reino de Dios con un ojo, que teniendo dos ojos ser echado al infierno» (ver también Mr 10:23; 14:25; Mt 7:21). En esos pasajes, el reino de Dios equivale al aspecto de la vida eterna que solo experimentaremos después de la segunda venida de Cristo.

En otros pasajes, el reino aparece en tiempo presente y puede entrarse en él aquí y ahora. Lucas 16:16: «La ley y los profetas eran hasta Juan; desde entonces el reino de Dios es anunciado, y todos se esfuerzan por entrar en él». Mateo 21:31: «... De cierto os digo, que los publicanos y las rameras van delante de vosotros al reino de Dios». Lucas 11:52: «¡Ay de vosotros, intérpretes de la ley! porque habéis quitado la llave de la ciencia; vosotros mismos no entrasteis, y a los que entraban se lo impedisteis».

Entonces, nuestro problema se halla en este hecho triple: (1) ciertos pasajes se refieren al reino de Dios como su gobierno. (2) Ciertos pasajes se refieren al reino de Dios como el dominio en el cual podemos entrar ahora para experimentar las bendiciones de su reino. (3) Otros pasajes se refieren a un reino futuro que vendrá solo en la segunda venida de nuestro Señor Jesucristo, en el cual entraremos y experimentaremos la plenitud de su reino. Por tanto, el reino de Dios significa tres cosas distintas en versículos diferentes. Debemos estudiar todas las citas en su contexto y luego tratar de reunirlas dentro de una interpretación general.

Como ya hemos visto, el reino de Dios es fundamentalmente su gobierno soberano, pero su reinado se manifiesta en diferentes etapas a través de la historia de la redención. Por consiguiente, el hombre puede entrar en el dominio del reino de Dios en las varias etapas de su manifestación y experimentar las bendiciones de su reino en distintos grados. El reino de Dios es el dominio de la era venidera, popularmente llamada cielo; allí comprenderemos las bendiciones de su reino (reinado) en la perfección de su plenitud. Con todo, el reino está ahora aquí. Hay una realidad de bendiciones espirituales en la cual podemos entrar hoy y gozar en parte, aunque de manera real, las bendiciones del reino de Dios (reinado).

Oramos: «Venga tu reino, hágase tu voluntad en la tierra como en el cielo». La confianza de que esta oración será contestada cuando Dios traiga la historia humana a la consumación divinamente ordenada permite que los cristianos conserven el equilibrio y la salud mental en este mundo perverso en el que vivimos. Nuestro corazón se derrama hacia los que no tienen tal esperanza. Gracias a Dios su reino se acerca y llenará el mundo.

No obstante, cuando oramos «venga tu reino», también pedimos que la voluntad de Dios se cumpla aquí, ahora, hoy. El propósito primario de estas exposiciones es que el lector pueda hallar el reino de Dios, o más bien, que el reino de Dios pueda hallarlo a él. También deberíamos orar para que «venga tu reino, hágase tu voluntad» en mi iglesia como en el cielo. La vida y el compañerismo de una iglesia cristiana debe ser la comunión de personas entre quienes se hace la voluntad de Dios; un poco del cielo en la tierra. «Venga tu reino, hágase tu voluntad» en mi vida como en el cielo. Esto está incluido en nuestra oración por la venida del reino. Esto es parte del evangelio del reino de Dios.

— 2 —

EL REINO ES FUTURO

En el capítulo introductorio bosquejamos varias de las interpretaciones prevalecientes en torno al reino de Dios y luego procuramos ofrecer una descripción básica. El reino de Dios es básicamente su gobierno, su reinado, la soberanía divina en acción. Sin embargo, el reino de Dios se manifiesta en varias esferas, y los Evangelios hablan de entrar al reino tanto ahora como en el futuro. El reino de Dios se manifiesta en el futuro y en el presente; por tanto, crea una realidad actual y una futura en las cuales el hombre puede experimentar las bendiciones de ese reinado. Entonces, el reino de Dios es la realización de la voluntad de Dios y el disfrute de las bendiciones que acompañan a esto. Sin embargo, está clara la enseñanza del Nuevo Testamento de que la voluntad de Dios no se realizará de manera *perfecta* en esta era. Lo medular en la teología bíblica está en la doctrina de la segunda venida de Jesucristo. Schweitzer estaba en lo cierto en que el llamado aspecto apocalíptico o «del otro mundo» del reino de Dios no es un apéndice extraño que puede ser echado a un lado sin deteriorar la enseñanza bíblica. La Biblia concibe todo el avance de la historia humana como algo que descansa en las manos de Dios, pero entiende que el advenimiento definitivo de su reino ocurrirá en un dominio que está «más allá de la historia», es decir, en un nuevo y distinto orden de la existencia.

Sin embargo, aunque esto resulta verdadero, hay un gran sentido real y vital en el cual Dios ya ha manifestado su gobierno, su voluntad, su reino, en la venida de Cristo encarnado, en virtud de lo cual podemos experimentar la vida del reino aquí y ahora. Así como hay dos venidas de Cristo, una en la carne, que podemos llamar encarnación, otra en gloria, que podemos llamar *parousía* o segunda venida, también hay dos manifestaciones del reino de Dios: una en poder y gloria cuando Cristo vuelva y otra presente ahora mismo debido a que el Hijo de Dios ya estuvo entre los hombres. En este capítulo, nos ocupa aclarar lo que nos dice el Nuevo Testamento sobre el aspecto futuro del reino de Dios; pero en el resto del libro nos dedicaremos totalmente al aspecto presente de su reino en cuanto tiene que ver con la experiencia actual.

Para comprender este asunto y para apreciar cómo el reino de Dios puede ser algo presente y futuro, necesitamos delinear esta verdad proyectándola sobre el trasfondo de otra enseñanza bíblica que no ha sido a menudo destacada y que puede resultar muy novedosa. En el lenguaje popular cristiano, a menudo contrastamos la vida presente con la futura usando las palabras *tierra* y *cielo*. Vivimos nuestra vida terrenal aquí en el mundo, pero la salvación futura se consumará en el cielo. Un enfoque más filosófico contrasta el tiempo con la eternidad como si representaran dos modos distintos de la existencia. Nuestra vida presente es vivida «en el tiempo», mientras que el orden futuro será «más allá del tiempo», en la eternidad. Este concepto se refleja en el lenguaje religioso del cántico:

> *Cuando anuncie el arcángel* que más tiempo no habrá,
> y aclare esplendoroso *el día eternal...*

De las exposiciones recientes sobre teología bíblica, una de las más brillantes es la de Oscar Cullmann en la cual demostró con éxito que tales conceptos son extraños al punto de vista bíblico. Su libro *Christ and Time* [Cristo y el tiempo][1] ha demostrado que la cosmovisión cristiana lleva un concepto lineal y que la «eternidad», en cuanto a la historia de la redención, es simplemente un tiempo interminable. Este hecho se oscurece en algunas versiones que traducen mal la palabra que presenta esta cosmovisión bíblica. Hay dos palabras del Nuevo Testamento griego que se traducen con la palabra «mundo», hecho que resulta oscurecido en las versiones castellanas. Primero tenemos la palabra griega *kósmos*. Un *kósmos* es algo que está en adecuado orden o armonía, algo que cuenta con un orden apropiado. Nuestra palabra «cosméticos» es un derivado de esta palabra griega. Los cosméticos son ayudas para que las damas arreglen sus rostros, para darles orden, para adornarlas. El término *kósmos* en su uso más común en griego es el mundo como la suma y el total de cuanto constituye un universo ordenado.

Sin embargo, hay también otra palabra que resulta con frecuencia lastimosamente mal traducida. Esta palabra es *aión*, de la cual se deriva la palabra *eón*.[2] Primordialmente, *aión* no tiene connotación de un orden o de una estructura, sino que designa un espacio de tiempo y debe ser traducida como «era» o «época», pero se ha traducido «siglo» y «mundo».

---

1. Filadelfia: Westminster, 1950, Londres: S.C.M. Press, 1951.

2. Palabra del gnosticismo que designa a inteligencias eternas. (Nota del editor).

Cuando estudiamos esta palabra en el Nuevo Testamento, descubrimos que en el curso del propósito redentor de Dios hay dos edades que se llaman frecuentemente «este siglo» y «el siglo venidero». En Mateo 12:32, la NVI dice: «A cualquiera que pronuncie alguna palabra contra el Hijo del hombre se le perdonará, pero el que hable contra el Espíritu Santo no tendrá perdón ni en este mundo ni en el venidero». Sin embargo, nuestro Señor no está hablando de dos mundos, sino de dos épocas. Todo el recorrido de la existencia humana está establecido con base en esta época y la venidera. La voz griega usada en este caso no es *kósmos*, sino *aión*, siglo,[3] era. La blasfemia contra el Hijo del Hombre será perdonada, pero la blasfemia contra el Espíritu Santo *jamás* será perdonada; y el alcance de la palabra «jamás» abarca dos períodos: «este siglo» y «el siglo venidero».

Cuando estudiamos esta palabra en el Nuevo Testamento, descubrimos que en el curso del propósito redentor de Dios hay dos edades que se llaman frecuentemente «este siglo» y «el siglo venidero».

En Efesios 1:21, Pablo describe la exaltación de Cristo «sobre todo principado y autoridad y poder y señorío, y sobre todo nombre que se nombra, no solo en este siglo, sino también en el venidero». Aquí la traducción «mundo», como figura en algunas versiones de la Biblia al español, es completamente inadecuada. Pablo no tiene en mente dos mundos, sino dos épocas. Esta palabra no es *kósmos*, sino *aión*. No se piensa en dos sociedades, sino en dos épocas o eras.

En Marcos 10:29-30 encontramos una ligera variante de esta expresión: «Respondió Jesús y dijo: De cierto os digo que no hay

3. Por su parte, la Reina Valera 1960 usa la palabra «siglo» en el sentido de «era», «tiempo», y no en el sentido más común de «cien años».

ninguno que haya dejado casa, o hermanos, o hermanas, o padre, o madre, o mujer, o hijos, o tierras, por causa de mí y del evangelio, que no reciba cien veces más ahora en este tiempo; casas, hermanos, hermanas, madres, hijos, y tierras, con persecuciones; y en el siglo venidero la vida eterna». En la segunda mitad del versículo de nuevo encontramos la palabra *aion*; y la traducción «en el mundo venidero» no representaría la idea con exactitud (aunque aquí la NVI lo traduce correctamente como «edad venidera»). En la primera mitad del versículo, la palabra «tiempo» (gr., *kairós*) aparece en lugar de *aión*, edad, era, época. Esto pone doblemente en claro que el versículo se refiere a dos espacios de tiempo, no a dos mundos. En este tiempo, en este siglo, debemos esperar hostilidad hacia el evangelio. En la edad futura o siglo venidero, los que hayan seguido a Cristo se verán liberados de toda oposición y padecimientos y disfrutarán de vida eterna.

Cuando estudiamos más profundamente este concepto, descubrimos que estas dos edades están separadas por la segunda venida de Cristo y la resurrección de los muertos. En Mateo 24:3, los discípulos se dirigieron a Jesús con la pregunta: «… ¿Cuándo sucederá eso, y cuál será la señal de tu venida y del fin del mundo?» (NVI). Esta traducción de la NVI sugiere que los discípulos le preguntaban sobre el tiempo de la destrucción de este mundo; su fin. Todo lo contrario, su pregunta tiene que ver con la consumación de esta edad (como bien lo señala la RVR1960) la cual será seguida por otra. Según este versículo, se espera que esta edad termine con la *parousía* o segunda venida de Cristo, y será seguida por la edad o el siglo venidero.[4]

Otro hecho que divide a esta edad de la venidera es la resurrección de los muertos. En Lucas 20:34-36 leemos que Jesús les dijo: «… Los hijos de este siglo se casan, y se dan en casamiento; mas los que fueren

4. La pregunta que hicieron los discípulos incluía interés tanto por la destrucción de Jerusalén como por la consumación escatológica de la edad; pero esto tiene que ver con un problema difícil que no expondremos aquí.

tenidos por dignos de alcanzar aquel siglo y la resurrección de entre los muertos, ni se casan, ni se dan en casamiento…». Una vez más, nuestro Señor se refiere a dos eras, no a dos mundos. En este siglo, el matrimonio es una institución necesaria. «Los hijos de este siglo», todos cuantos viven en este tiempo, deben casarse y criar hijos para propagar la raza humana. Sin embargo, en el siglo venidero prevalecerá una situación diferente, pues los que entren a esa edad lo harán por medio de la resurrección. Por tanto, serán como los ángeles en esto: ya no estarán sujetos a muerte, sino que, como los ángeles, serán inmortales porque se habrán convertido en «hijos de la resurrección». Por consiguiente, no solo la segunda venida de Cristo, sino también la resurrección de los muertos, darán término a este siglo e iniciarán el venidero.

Podemos ilustrar esta estructura básica mediante un diagrama sencillo que llamaremos «El conflicto de los siglos».

C —— Este siglo —— P/R —— El siglo venidero ——→

La C representa la creación, la P, la *parousía* de Cristo, y la R, la resurrección de los muertos.[5] Esta edad se inició en la creación, pero la venidera seguirá perpetuamente, para siempre. Por tanto, podemos hablar del siglo venidero como la eternidad, con lo cual nos referimos a un tiempo que no tiene fin. Esta línea de tiempo sencilla la comparten los autores del Nuevo Testamento con el judaísmo contemporáneo, porque ambos están arraigados en la cosmovisión del Antiguo Testamento.

---

5. Cullmann concibe el tiempo marchando hacía atrás antes de la creación *(Christ and Time)*, p. 82, pero esto plantea una cuestión filosófica sobre la cual la Escritura no dice nada al respecto.

Cuando preguntamos qué enseña la Escritura sobre la naturaleza de estas dos edades, hallamos un contraste agudo. Este siglo está dominado por el mal, la perversidad y la rebelión contra la voluntad de Dios, en tanto que el siglo venidero es la época del reino de Dios.

En Gálatas 1:4, leemos que Cristo «... se dio a sí mismo por nuestros pecados para librarnos del presente siglo malo...». Esta edad es una época mala caracterizada por el pecado y la injusticia; es una época en que los hombres necesitan salvación, una que solo puede realizarse mediante la muerte de Cristo.

El segundo capítulo de Efesios presenta una exposición amplia de la naturaleza de esta edad. Dice Pablo: «Y él os dio vida a vosotros, cuando estabais muertos en vuestros delitos y pecados, en los cuales anduvisteis en otro tiempo, siguiendo la corriente de este mundo...» (Ef 2:1-2, literalmente «el siglo de este mundo», gr., *ton aiona tou kosmou*). En este versículo se emplean ambas palabras, «siglo (corriente)» y «mundo», indicando que aunque este siglo y el mundo no son sinónimos, sí están estrechamente relacionados. Hay cierto orden de la sociedad humana que caracteriza esta edad. Pablo lo describe con estas palabras: «... en los cuales anduvisteis en otro tiempo, [...] conforme al príncipe de la potestad del aire, el espíritu que ahora opera en los hijos de desobediencia». La naturaleza de la «corriente de este mundo» lleva la señal del príncipe de la potestad del aire, esto es, Satanás. Él tiene permitido ejercer una influencia terrible en esta edad induciendo a hombres y mujeres a que caminen en forma desagradable a Dios.

Efesios 2:3 expresa: «Entre los cuales también todos nosotros vivimos en otro tiempo en los deseos de nuestra carne, haciendo la voluntad de la carne y de los pensamientos, y éramos por naturaleza hijos de ira, lo mismo que los demás». Estos deseos de la carne no son solo pecados «carnales»; no se limitan a pecados de glotonería, borrachera y de inmoralidad. El orgullo es un pecado de la carne, también la egolatría, el egoísmo, la testarudez, la determinación de hacer las cosas a la manera de uno (Gá 5:19-21). Todo esto pertenece a «la carne». Cuando actuábamos conforme a este siglo, vivíamos según la concupiscencia de la carne y éramos por naturaleza hijos de la ira. Este es un versículo terrible: «... hijos de ira...» (Ef 2:3). La ira de Dios, el santo juicio de la justicia de Dios, está sobre esta edad, sobre su pecaminosidad y su rebelión. La ira de Dios también deberá caer indefectiblemente sobre los que se han conformado a esa naturaleza perversa y rebelde.

En la parábola del sembrador, leemos que hubo semillas que cayeron en terreno de plantas espinosas. La semilla germinó, pero las espinas crecieron y la ahogaron (Mt 13:7). Nuestro Señor interpreta esto de la manera siguiente: «El que fue sembrado entre espinos, este es el que oye la palabra, pero el afán de este siglo y el engaño de las riquezas ahogan la palabra, y se hace infructuosa» (Mt 13:22). El afán de este siglo no son solamente preocupaciones, problemas y ansiedades para ganarse la vida; es todo el espíritu que caracteriza a este siglo: preocupación y ansiedad por la seguridad de la vida física, pero también por la presión, el impulso de la ambición por obtener riqueza, éxito, prosperidad y poder. Todo esto está implicado en los cuidados, la carga y el afán de este siglo.

El asunto está en esto: la tendencia de este siglo es ahogar la obra de la Palabra de Dios. El espíritu de la edad es hostil al evangelio. Cuando se predica el evangelio, a menudo parece que entra en el corazón de los seres humanos. Lo escuchan, parecen haberlo recibido, dan muestra de responder a su reclamo y, sin embargo, a menudo solo se trata de una respuesta superficial. No llevan fruto y conforme las preocupaciones de esta era los presionan, no se sienten dispuestos a pagar el precio de seguir a Cristo. La Palabra de Dios resulta ahogada y estéril. Esta época es hostil al evangelio y los hombres a menudo ceden y se conforman a ella en lugar de rendirse a las demandas del evangelio. Existe un conflicto entre este siglo y el evangelio del reino.

Entre los pasajes más importantes que describen esta edad está 2 Corintios 4:3-4, porque explica lo que hay tras estas enseñanzas. «Pero si nuestro evangelio está aún encubierto, entre los que se pierden está encubierto; en los cuales el dios de este siglo cegó el entendimiento de los incrédulos, para que no les resplandezca la luz del evangelio de la gloria de Cristo…».

Dos cosas destacan en estos versículos. Satanás es «el dios de este siglo». En el propósito soberano de Dios, a Satanás se le ha permitido ejercer una gran autoridad y poder en el transcurso de toda esta era. Ya hemos leído en Efesios que en el tiempo de este mundo, una vez vivimos conforme al príncipe que está en los aires. Como instrumento de su probidad judicial, Dios ha permitido a Satanás ejercer tal influencia en esta edad que Pablo puede hablar de él como si fuera el dios de este siglo. ¿De dónde provienen el mal, el odio, el engaño, la lucha, el conflicto, el pecado, la miseria, la pena, el sufrimiento y la muerte que caracterizan a esta edad? Vienen de Satanás. Esto no significa que el hombre pueda renunciar a la responsabilidad de su propia mala conducta. El hombre sigue siendo un agente moral libre y debe responder tanto ante el juicio de Dios como ante el de sus semejantes. Esto significa que el mal es algo más

¿De dónde provienen el mal, el odio, el engaño, la lucha, el conflicto, el pecado, la miseria, la pena, el sufrimiento y la muerte que caracterizan a esta edad? Vienen de Satanás. Esto no significa que el hombre pueda renunciar a la responsabilidad de su propia mala conducta.

que humano. Tiene su origen en una persona malvada y sobrehumana. Este hecho no debe interpretarse como un dualismo fundamental, como si Dios y Santanás, el bien y el mal, fueran dos principios eternos. Detrás de todas las cosas, incluso antes que Satanás y el mal, está el Dios eterno. No obstante, Dios ha permitido a Satanás esgrimir un poder tal que da como resultado un dualismo ético limitado.

Podemos descubrir en 2 Corintios 4:4 la manifestación de la influencia satánica. No se halla en que el «dios de este siglo» haya arrastrado a hombres buenos al lodazal del pecado ni que jóvenes fuertes y jovencitas hermosas hayan sido lanzados al sumidero de la inmoralidad y de la corrupción. En ellos «... el dios de este siglo *cegó* el entendimiento de los incrédulos, para que no les resplandezca la luz del evangelio de la gloria de Cristo...».

Aquí está la raíz del mal: ceguera, tinieblas, incredulidad. La filosofía bíblica del pecado convierte el mal ético y moral en secundario frente al mal religioso. Pablo en otro pasaje se refiere a la «... impiedad e injusticia de los hombres...» (Ro 1:18). De manera definitiva, todas las formas de perversidad provienen de las raíces de la impiedad. El pecado es primeramente religioso y luego ético. El hombre es una criatura de Dios y su responsabilidad primaria es ante él. La raíz del pecado se encuentra en no querer reconocer con gratitud los dones y la bondad de Dios (Ro 1:21), que ahora se conceden en Cristo. Las tinieblas son más bien una afirmación de independencia de Dios en lugar de una actitud de sumisión a él.

Las tinieblas son más bien una afirmación de independencia de Dios en lugar de una actitud de sumisión a él.

La manifestación primaria de la influencia satánica y del mal de esta edad es religiosa; está en la ceguera hacia el evangelio de Jesucristo.

¡Con cuánta frecuencia no comprendemos las maquinaciones satánicas! Una persona puede ser culta y hasta religiosa y a pesar de esto estar bajo tinieblas demoníacas. El deseo básico de Satanás es mantener al hombre apartado de Cristo. Su objetivo principal no es corromper las costumbres ni formar ateos ni producir enemigos de la religión. Verdaderamente la religión que se funda sobre la presunción de la idoneidad y suficiencia humana resulta ser un enemigo de la luz. Esta es la naturaleza del siglo de este mundo: las tinieblas.

¡Con cuánta frecuencia no comprendemos las maquinaciones satánicas!

Resulta obvio de estos versículos que el reino de Dios no pertenece a esta edad, ya que a Satanás se le llama el dios de este siglo. Esto no significa que Dios haya sido destronado ni que su mano haya sido retirada del control del universo. Continúa siendo eternamente cierto que «El SEÑOR ha establecido su trono en el cielo; su reinado domina sobre todos» (Sal 103:19, NVI). Aun cuando el mal tiene más poder en la tierra, cuando el pueblo de Dios es más violentamente atacado por Satanás, Dios sigue siendo el «... Rey de las edades» (Ap 15:3).[6] Es en la providencia del gobierno soberano de Dios que este estado de cosas ha venido a acontecer. No obstante, es fundamental para nuestra comprensión del reino de Dios reconocer la enseñanza bíblica de que este siglo está en rebeldía contra el gobierno de Dios.

El Nuevo Testamento establece que el siglo venidero está en directa oposición a este siglo. La época actual es mala, pero el reino de Dios pertenece al siglo venidero. El reino de Dios, como manifestación perfecta de su gobierno y como dominio de bendición redentora consumada, pertenece al siglo venidero.

---

6. Esta es la mejor traducción, a pesar de las variantes que traducen «Rey de los santos» (RVR1960) o de las «naciones» (NVI).

Esto queda ilustrado con claridad en la conversación de nuestro Señor con el joven rico que vino a preguntarle: «... Maestro bueno, ¿qué bien haré para tener la vida eterna?» (Mt 19:16). Este joven no estaba enterado de la enseñanza de que una persona puede tener la vida eterna aquí y ahora. Él estaba interesado en la vida eterna en el siglo venidero. Nuestro Señor le dijo que debía liberarse de cuanto le fuera obstáculo para convertirse en uno de sus discípulos. «Oyendo el joven esta palabra, se fue triste, porque tenía muchas posesiones» (v. 22).

Entonces «... Jesús dijo a sus discípulos: De cierto os digo, que difícilmente entrará un rico en el reino de los cielos». La pregunta del joven rico fue: «¿Cómo puedo tener la vida eterna?». La respuesta de nuestro Señor fue: «Difícilmente entrará un rico en el reino de los cielos» (v. 23). «Otra vez os digo, que es más fácil pasar un camello por el ojo de una aguja, que entrar un rico en el reino de Dios» (v. 24).

De pasada, notemos que estas dos frases: «el reino de Dios» y «el reino de los cielos» son obviamente intercambiables. Es más, «el reino de Dios» y «el reino de los cielos» son ambos intercambiables por vida eterna. Marcos, Lucas y Juan hablan siempre del reino de Dios. Mateo es el único que habla del reino de los cielos; y en 12:28; 19:24; 21:31, 43, Mateo habla también del reino de Dios. La diferencia entre las dos frases debe ser explicada sobre bases lingüísticas. El reino de los cielos es la forma semítica de la frase, y el reino de Dios, su forma griega. Nuestro Señor enseñó en arameo, una lengua muy similar al hebreo, en tanto que el Nuevo Testamento fue escrito en griego. Al enseñar a judíos, Jesús probablemente habló del «reino de los cielos», que era la forma natural de expresión entre ellos. Disponemos de amplias evidencias de la literatura rabínica de que esta frase era de uso común. Para el oído de los griegos, estas palabras no tendrían sentido; y cuando la frase fue traducida a los Evangelios griegos para los que hablaban ese idioma, fue traducida de manera uniforme como «el reino de Dios». En el Evangelio de Mateo, que probablemente fuera escrito para creyentes judíos, se conservó generalmente la frase original «el reino de los cielos». La terminología de Mateo 19:23-24 pone en claro que las dos frases son intercambiables y que no se debe buscar ninguna diferencia de significado entre ellas.

¿Qué quiso decir el Señor al afirmar que es más fácil entrar un camello por el ojo de una aguja que entrar un rico en el reino de Dios? ¿Qué es el reino de Dios? En el versículo 23, es el reino de los cielos; en el versículo 16, es vida eterna. Entonces los discípulos preguntaron: «¿Quién, pues, podrá ser salvo?» (v. 25). Es claro que todas estas expresiones se refieren a la misma bendición que se obtendrá en el futuro cuando Cristo regrese. El reino de Dios, el reino de los cielos, la vida eterna y la salvación son términos intercambiables. Jesús dice que resulta *imposible* al hombre salvarse. Es tan factible que el hombre obtenga por los recursos humanos la entrada a la vida eterna del reino de Dios como pasar un camello por el ojo de una aguja. Por eso es un milagro hacer que los afectos de un hombre rico, o un hombre pobre, pues da lo mismo para el caso, se desvíen de sus posesiones para que se convierta la persona en discípulo de Jesús y se prepare así para entrar en el futuro reino de los cielos.

Es tan factible que el hombre obtenga por los recursos humanos la entrada a la vida eterna del reino de Dios como pasar un camello por el ojo de una aguja.

No obstante, para los que han experimentado este milagro en sus vidas, Jesús dio esta promesa: «… De cierto os digo que en la regeneración, cuando el Hijo del Hombre se siente en el trono de su gloria, vosotros que me habéis seguido también os sentaréis sobre doce tronos, para juzgar a las doce tribus de Israel» (v. 28). Luego, en el versículo 29, Jesús agrega: «Y cualquiera que haya dejado casas, o hermanos, o hermanas, o padre, o madre, o mujer, o hijos, o tierras, por mi nombre, recibirá cien veces más, y heredará la vida eterna».

Cuando examinamos el mismo pasaje en el Evangelio de Marcos, encontramos que la terminología del Señor se registra con mayor precisión. Los que han seguido a Jesús recibirán en *este tiempo* grandes bendiciones, las cuales, no obstante, estarán acompañadas de persecuciones. Sin embargo, en el siglo venidero obtendrán la vida eterna (Mr 10:30). Al comparar estos pasajes, descubrimos que la vida eterna, el reino de Dios, el reino de los cielos, la salvación y el siglo venidero se manifiestan todos juntos. Estos son la promesa del futuro para los que en este siglo se hayan convertido en discípulos de Cristo.

Los que han seguido a Jesús recibirán en *este tiempo* grandes bendiciones, las cuales, no obstante, estarán acompañadas de persecuciones.

La vida eterna pertenece al siglo venidero. El reino de Dios también pertenece al siglo venidero. Si esta fuera la única enseñanza bíblica sobre la vida eterna, tendríamos que concluir que el reino de Dios vendrá solo cuando Cristo regrese y que no heredaremos la vida eterna hasta ese día. Entonces, entraríamos al reino de Dios y recibiríamos la vida eterna.

Si proseguimos con este estudio, encontramos que el reino de Dios, al igual que el siglo venidero, vendrá después de la resurrección de los muertos. En 1 Corintios 15:50, Pablo dice que «… la carne y la sangre no pueden heredar el reino de Dios». Pablo está hablando de la resurrección. *Carne* y *sangre* no pueden heredar el reino de Dios. Nuestros cuerpos deben experimentar una transformación, de manera que ya no consistan en carne y sangre, sino que sean cuerpos incorruptibles, gloriosos, poderosos y «espirituales» (vv. 42-44). Solo con estos cuerpos transformados en la resurrección entraremos al reino de Dios que vendrá después de la resurrección.

En la parábola de la cizaña encontramos que el reino de Dios será presentado por el día del juicio. En todo este siglo, la gente buena y la mala, los hijos del reino y los hijos del maligno, deben vivir juntos al igual que la cizaña y el trigo crecen juntos. En la cosecha, en el «... fin del siglo...» (Mt 13:39), habrá separación por juicio. «Entonces los justos resplandecerán como el sol en el reino de su Padre...» (v. 43). El juicio finalizará este siglo y hará que los hijos del reino entren a disfrutar plenamente de las bendiciones del reino. En la parábola de la red, encontramos la misma estructura con el agregado hecho de que el juicio tendrá lugar al final de esta edad. «Así será al fin del siglo: saldrán los ángeles, y apartarán a los malos de entre los justos, y los echarán en el horno de fuego...» (Mt 13:49-50).

Por lo tanto, encontramos que el reino de Dios pertenece al siglo venidero y es establecido en agudo contraste con esta era. En este siglo hay muerte; en el reino de Dios hay vida eterna. En este siglo, justos e impíos viven entremezclados; en el reino de Dios, toda impiedad y pecado serán destruidos. En el presente, Satanás es considerado «el dios de este siglo», pero en el siglo venidero, el reino y el gobierno de Dios habrán destruido a Satanás y la virtud desplazará todo mal.

Por consiguiente, debemos modificar nuestro diagrama de los tiempos. Este siglo y el venidero no pertenecen al mismo nivel. Esta edad es mala; la venidera presenciará la plenitud del reino de Dios, la perfección de su reino. Por tanto, debemos colocar el siglo venidero en un nivel más alto que el de este siglo.[7]

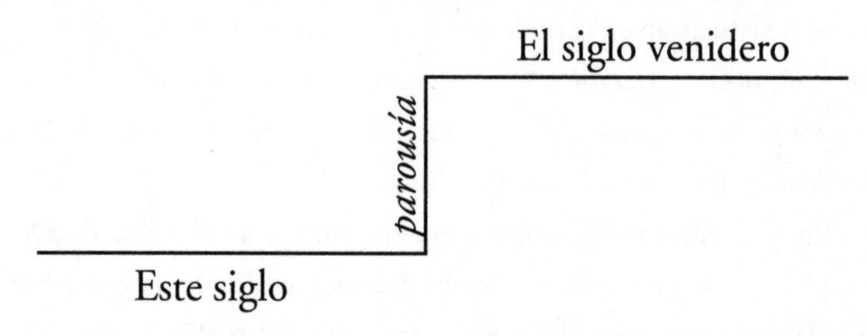

Cuando examinamos otros pasajes de la Escritura, la transición de este siglo al siglo venidero no resulta tan sencilla como este diagrama sugiere. Nuestro estudio hasta aquí sugiere que el propósito redentor de Dios será consumado en la segunda venida de Cristo, época en que se iniciará el siglo venidero en su estado definitivo. Sin embargo, el Libro de Apocalipsis modifica esta estructura. Después de la *parousía* de Cristo (Ap 19:11-16) y antes del siglo venidero (Ap 21:1 ss.) hay un intervalo en que los santos son elevados al rango de gobernantes con Cristo por mil años (Ap 20:1-6). Este intervalo es llamado comúnmente el milenio.

La interpretación de este pasaje plantea cuestiones difíciles que no pueden discutirse aquí. Resulta desafortunado que la discusión sobre esto haya sido mantenida a veces con más calor que luz. Algunos expositores insisten en que toda enseñanza de un reinado de Cristo en la tierra antes del siglo venidero es doctrina más judaica que cristiana, en tanto que otros insisten en que cualquier escatología no milenaria constituye una desviación de la lealtad a la Palabra de Dios. Tales reacciones son desafortunadas. Esta cuestión, como otras que, desde un

---

7. El diagrama del profesor Cullmann sobre los tiempos del Nuevo Testamento no reconoce estos niveles de las dos edades. Esta diferencia fue elaborada por Geerhardus Vos en *The Pauline Eschatology* [La escatología paulina] (Grand Rapids: Eerdmans, 1952; publicada originalmente en 1930), p. 38.

punto de vista práctico, son mucho más importantes, tales como el asunto de quién es candidato para bautizarse, deberían analizarse dentro de un ambiente de fe y en espíritu cristiano de libertad y caridad.

Aquí solamente podemos decir que es nuestra convicción que la Escritura enseña que antes de la consumación final del propósito redentor de Dios, la tierra experimentará un largo período glorioso del gobierno de nuestro Señor. La era de la iglesia es el período de la gloria oculta de Cristo; el siglo venidero será la era de la soberanía del Padre cuando Cristo entregue su reino al Padre y se sujete a él (1 Co 15:24-28), para que Dios sea todo en todos. El milenio será el período de la manifestación de la gloria de Cristo.[8] Si se considera que el siglo venidero existe «más allá de la historia», el milenio será testigo del triunfo del reino de Dios dentro de la historia.

El problema por el momento está en dónde da cabida a ese intervalo la doctrina del Nuevo Testamento de los dos períodos. El diagrama sugiere que el siglo venidero comienza con la segunda venida de Cristo y que su reinado milenario no puede ocurrir en esa estructura profética.

La solución a este problema se encuentra en lo que podemos llamar la perspectiva profética bíblica, fenómeno que se observa a través de toda la Escritura profética. Comúnmente, los profetas, conforme visualizaban el futuro, iban hablando de los acontecimientos que ocurrirían sin tratar de dar una secuencia temporal a las varias etapas del cumplimiento de los propósitos de Dios. No solo se ve el futuro

---

8. Ver G. E. Ladd: «The Revelation of Christ's Glory», *Christianity Today*, 1 septiembre de 1958, pp. 13 ss. Se puede encontrar un punto de vista similar en el ensayo de Oscar Cullmann titulado «The Kingship of Christ and the Church in the New Testament», en *The Early Church*, editado por A. J. B. Higgins (Londres: S.C.M. Press, 1956; Filadelfia: Westminster Press, 1956). El profesor Cullmann sugiere que debemos distinguir entre el reino de Cristo y el reino de Dios. El primero cubre la era de la iglesia y el milenio e introduce el segundo en el siglo venidero (p. 113). Este concepto es teológicamente útil, pero la distinción de términos no puede defenderse mediante un estudio exegético del texto del Nuevo Testamento.

distante como un suceso único, aunque complejo, sino que también se describen el futuro inmediato y el futuro distante como si fueran un mismo acto de Dios. Es por esto que el día del Señor en los profetas es una visitación histórica de Dios y un acto escatológico. Es el día del juicio cuando Dios dispersará a Israel en un exilio más allá de Damasco (Am 5:18-27) y es el día cuando Dios restaurará la dicha de su pueblo (Am 9:11 ss.). Es una visitación divina en la forma de una plaga de langostas y de una sequía (Jl 1:1-20; ver v. 15) y también es el día escatológico del juicio y la salvación (Jl 2:30-32). El capítulo trece de Isaías describe la destrucción histórica de Babilonia por los medos como si fuera el fin del mundo. El acontecimiento histórico se describe con el trasfondo del drama escatológico final; ambos casos son visitaciones del único Dios en el cumplimiento de su propósito redentor.

Este mismo fenómeno se halla en el Nuevo Testamento. Los tres relatos del discurso del monte de los Olivos que se leen en Mateo 24, Marcos 13 y Lucas 21 ponen en claro que nuestro Señor describió la destrucción histórica de Jerusalén por los romanos en los años 66-70 d. C. sobre el trasfondo escatológico del anticristo y de las calamidades mesiánicas (la gran tribulación). La bestia de Apocalipsis 13 es a la vez historia real de Roma y profecía escatológica del anticristo. En estas profecías se mezclan lo cercano y lo distante. En profecías como la que aparece en 2 Pedro 3:12-13, los elementos escatológicos se ven como un mismo acto de Dios cuando el cielo nuevo y la tierra nueva surjan tras el juicio del orden actual.

Desde la perspectiva del Antiguo Testamento no se ve la época de la iglesia. Dios actúa en el presente en cumplimiento de su propósito redentor para Israel y actuará en el futuro para consumar sus propósitos cuando su reino llene toda la tierra. Hay profecías que describen la venida de un personaje mesiánico que sufre y es humilde, tal como Isaías 53 y Zacarías 9:9-10; otras profecías describen un rey victorioso del linaje de David (Is 9:11); y también está la profecía de la venida del celestial Hijo del Hombre en Daniel 7. No obstante, el Antiguo Testamento no relaciona estas varias profecías ni teológica ni cronológicamente. Dios actuará finalmente para redimir su pueblo, y los diferentes profetas describen esta redención escatológica en términos distintos. El Antiguo Testamento no dedica espacio a sintetizar las profecías; y el esfuerzo por decidir cuáles profecías aplican a la era de la iglesia, cuáles se refieren a la época del milenio y cuáles pertenecen al siglo venidero ignora este hecho básico de la perspectiva profética.

> Dios actúa en el presente en cumplimiento de su propósito redentor para Israel y actuará en el futuro para consumar sus propósitos cuando su reino llene toda la tierra.

Desde la perspectiva del Nuevo Testamento, la acción escatológica de Dios comúnmente se ve como un solo día en el cual será inaugurado el siglo venidero. Sin embargo, la revelación de Juan, así como 1 Corintios 15:20-28, indica que todavía habrá dos etapas escatológicas en el cumplimiento del propósito divino y en el establecimiento del reino de Dios. La transición de este siglo al venidero no ocurrirá en un solo gran acontecimiento en la venida de Cristo. Hemos encontrado que el siglo venidero comenzará con la resurrección de los muertos y la destrucción del dios de este siglo. No obstante, cuando leemos el Libro del Apocalipsis, capítulo 20, descubrimos que habrá dos etapas en la resurrección de los muertos y dos en la derrota de Satanás. Hay una resurrección al comienzo del milenio (Ap 20:4-5) y otra al final de este (vv. 12-13). Además, encontramos que hay etapas en la victoria sobre Satanás. Al comienzo del milenio, Satanás es lanzado al abismo y encadenado por mil años (vv. 2-3); pero al final del milenio es soltado para entregarse nuevamente a sus actividades nefarias. Aun cuando Cristo ha reinado sobre los hombres, Satanás encuentra que sus corazones sin regenerar siguen sensibles a sus tentaciones y están dispuestos a rebelarse contra Dios. Entonces ocurrirá el último conflicto, la lucha final. Como resultado de esto, vendrá el juicio final en el que Satanás es lanzado al lago de fuego. En resumen, hay dos etapas en la derrota de Satanás, no solo una.

Uno jamás podría descubrir este hecho en gran parte del Nuevo Testamento, debido a que presenta el futuro como en un lienzo de dos dimensiones, largo y ancho, sin profundidad. La transición entre las edades se ve como si fuera un evento singular, aunque los profetas del Antiguo Testamento ven en el futuro un solo día del Señor. Solo cuando leemos Apocalipsis encontramos que la Escritura bosqueja claramente las dos etapas de la derrota de Satanás que están separadas por el milenio. Por consiguiente, debemos modificar nuestro diagrama una vez más.

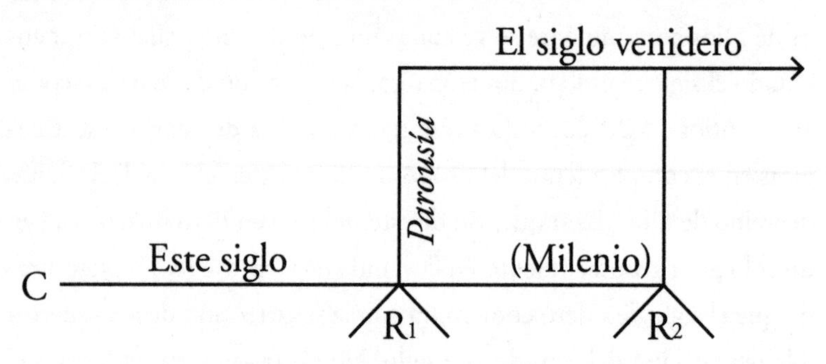

C: Creación, R_1: Primera resurrección, R_2: Segunda resurrección.

Aquí deberíamos notar un hecho importante. El milenio no es la manifestación perfecta y final del reino de Dios. Satanás está atado durante este período; pero cuando es libertado, encuentra los corazones de los hombres aún sensibles al pecado. La muerte y el sepulcro no son destruidos hasta el juicio final, al terminar el milenio (Ap 20:14). Por tanto, podríamos decir que el milenio termina en fracaso en cuanto a la plena realización del ansiado reino de Dios. Solamente en el siglo venidero, después del milenio, se responde a la oración de «venga tu reino, hágase tu voluntad en la tierra como en el cielo». La tierra entonces habrá sido renovada, sin duda, pero aún será la tierra.

Varias conclusiones importantes emergen de este estudio. La Biblia enseña que jamás experimentaremos las bendiciones plenas del reino de Dios en este siglo. Hay quienes han identificado la esperanza cristiana con el ideal de un mundo sin guerras o con un mundo completamente sometido a la voluntad de Dios mediante la predicación del evangelio. Las personas que abrigan la esperanza de un reino que será consumado en este siglo de seguro serán desilusionadas. El reino perfecto de Dios pertenece al siglo venidero. Jamás conoceremos la plenitud de sus bendiciones mientras dure este siglo malo. No habrá una conversión mundial antes de la venida de Cristo. Por tanto, no debemos desilusionarnos por las guerras y los rumores de guerra, por las perversidades y por la hostilidad contra el evangelio. Además, cuando el pueblo de Dios sea llamado a padecer graves sufrimientos y tribulación, deberá recordar que Dios no lo ha abandonado, sino que sus sufrimientos se deben a que no pertenecen a este siglo y, por consiguiente, son objeto de su hostilidad.

El reino perfecto de Dios pertenece al siglo venidero. Jamás conoceremos la plenitud de sus bendiciones mientras dure este siglo malo.

Por otra parte, el reino de Dios jamás será plenamente realizado sin la venida de Cristo personal, gloriosa y victoriosa. El hombre no puede edificar el reino de Dios; Cristo lo traerá consigo. Los poderes de Satanás y del mal pueden ser finalmente vencidos solo mediante el poderoso acto de la venida de Cristo. ¡Sabemos que ese día *vendrá*! La Palabra de Dios nos urge a que velemos, nos mantengamos despiertos y estemos listos en expectación de ese día. ¡Qué seguridad, qué alivio, qué estabilidad da a nuestros corazones y mentes saber que nuestra oración sin duda será contestada: «Venga tu reino, hágase tu voluntad en la tierra como en el cielo»! ¡Sí, ven pronto, Señor Jesús!

— 3 —

EL REINO ES AHORA

En los dos primeros capítulos, hemos bosquejado la verdad de que la Palabra de Dios divide el curso del propósito redentor de Dios en dos edades o siglos: este siglo y el siglo venidero. Estas dos edades están separadas por la segunda venida de Cristo y la resurrección de los muertos. El reino de Dios pertenece al siglo venidero y se realizará en su plenitud solo en esa edad. Si tuviéramos que terminar nuestro estudio en este punto, tendríamos una redención que es exclusivamente una promesa. Desde este punto de vista, la salvación sería una póliza de seguro. Sin duda es importante asegurarse; pero eso solo es una protección para el futuro contra la hora de las dificultades. Eso carece de valor para mí hoy, salvo porque me da una sensación de seguridad. Si solo tuviéramos esta división entre las edades en la venida de Cristo, la salvación solamente sería la promesa de liberación en el día del juicio. Verdaderamente, la promesa de vida eterna de Marcos 10 pertenece del todo al futuro cuando venga el reino de Dios.

Sin embargo, hemos descubierto que la transición de esta edad a la venidera no ocurrirá en un solo momento. Encontramos que hay una superposición de este siglo y el venidero. No habrá una sola resurrección de los muertos, sino dos resurrecciones que están separadas por el milenio. También hay dos etapas de la derrota de Satanás. Al comienzo del milenio será atado y lanzado al abismo. Al finalizar el milenio, él será desatado solo para ser finalmente echado al lago de fuego por siempre. Habrá una superposición de estas dos edades durante el período del milenio. La tierra disfrutará de una nueva dimensión de vida y de bendiciones del reino de Dios antes de su consumación definitiva en el siglo venidero. El gobierno de Dios, su reinado, se manifestará en dos grandes actos: uno antes del milenio y otro después de este.

Si este fuera el programa completo de la redención, tendríamos solamente una religión de promesas, un evangelio de esperanzas. Sin embargo, la realidad es que hay un traslapo aun mayor de las dos edades. Hay cierto número de declaraciones explícitas en el Nuevo Testamento, además de la estructura básica de su teología como un todo, que nos obliga a concluir que las bendiciones del siglo venidero no son exclusivamente para el futuro, sino que se han convertido en objeto de la experiencia actual en esta era.[1] Hebreos 6:5 habla de los que «... gustaron [...] los poderes del siglo venidero». La edad venidera sigue siendo futura, pero podemos saborear sus poderes. Algo ha pasado en virtud de lo cual eso que pertenece al futuro se convierte en algo del presente. Los poderes de la edad futura han penetrado esta edad. Aunque todavía vivimos en el presente siglo malo y Satanás sigue siendo el dios de este siglo, aun así podemos gustar los poderes del

1. Ver el estudio del autor en *The Expository Times* 68 (1957), pp. 268-273.

siglo venidero. Ahora bien, saborear no es comer un banquete de siete platos. Seguimos esperando la gloriosa consumación y realización de lo que tan solo hemos probado. Con todo, una saboreada es algo real. Es más que una promesa; es una realización; es una experiencia. «Prueben y vean que el SEÑOR es bueno» (NVI). Hemos probado «los los poderes del siglo venidero».

Nuevamente, en Gálatas 1:4, leemos que Cristo «... se dio a sí mismo por nuestros pecados para librarnos del presente siglo malo...». ¿Cómo pueden los seres humanos vivir en una era perversa y librarse de su poder? Esta liberación proviene del poder del siglo venidero, que se ha extendido hacia atrás y se ha proyectado a través de la persona de Cristo sobre el presente siglo malo, de modo que nosotros, por medio del poder del siglo venidero, podamos ser librados del presente siglo malo.

La misma verdad se ofrece en Romanos 12:2: «No os conforméis a este siglo, sino transformaos por medio de la renovación de vuestro entendimiento, para que comprobéis cuál sea la buena voluntad de Dios, agradable y perfecta». ¿Cómo podemos vivir en medio de la edad perversa y no conformarnos a ella? Debemos experimentar una transformación interior que sea resultado del poder del siglo venidero que penetra retrospectivamente la edad perversa actual. Mientras transcurre el siglo malo, Dios ha hecho que para nosotros sea posible experimentar un poder nuevo con el cual podamos evidenciar cuál es la voluntad de Dios. Este traslapo de las dos edades es fundamental para que comprendamos la enseñanza bíblica de la redención.

Debemos experimentar una transformación interior que sea resultado del poder del siglo venidero que penetra retrospectivamente la edad perversa actual.

Tales asertos conducen a la conclusión de que no solo habrá un traslapo futuro de los tiempos durante el período milenario, sino también otro en el presente, entre el siglo venidero y este siglo, y actualmente estamos viviendo «entre esos tiempos». De hecho, estamos en medio del conflicto de las épocas. Esto puede ilustrarse mediante una modificación adicional a nuestro diagrama.

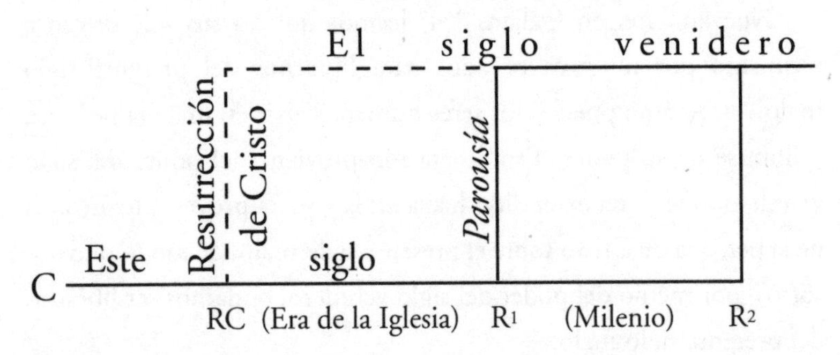

¿Qué tiene esto que ver con el reino de Dios? Justamente esto: el reino de Dios pertenece al siglo venidero. Sin embargo, el siglo venidero está traslapado con el actual. Podemos experimentar sus poderes y así ser librados de este siglo para no vivir conforme a él. Este nuevo poder transformador es el poder del siglo venidero; sin duda es el poder del reino de Dios. El reino de Dios es cosa futura, pero no solamente del futuro. Así como los poderes del siglo venidero, el reino de Dios también ha invadido esta edad perversa para que el hombre pueda conocer en parte sus bendiciones, aun mientras transcurre el siglo malo.

Quizás el pasaje más importante de la Escritura que expone el carácter fundamental del reino de Dios sea 1 Corintios 15:22-26: «Porque así como en Adán todos mueren, también en Cristo todos serán vivificados. Pero cada uno en su debido orden: Cristo, las primicias; luego los que son de Cristo, en su venida. Luego el fin, cuando entregue el reino al Dios y Padre, cuando haya suprimido todo dominio, toda autoridad y potencia. Porque preciso es que él reine hasta que haya puesto a todos sus enemigos debajo de sus pies. Y el postrer enemigo que será destruido es la muerte».

En este pasaje, Pablo está describiendo las varias etapas mediante las cuales Dios cumplirá su propósito redentor. Este propósito tiene que ver con el reino de Dios. El objetivo último es el cumplimiento del reino de Dios, a saber, la realización del reinado perfecto de Dios en la totalidad del universo. Este se cumple mediante la derrota de sus enemigos. Cristo debe reinar hasta que haya puesto a sus enemigos debajo de sus pies. Cuando estos enemigos estén finalmente sometidos, Cristo entregará el reino a Dios. Por tanto, el reino de Dios es su reinado mediante Cristo al destruir a los enemigos del gobierno divino.

La conquista del reino, según este pasaje, encuentra su expresión máxima en la derrota de la muerte: «Y el postrer enemigo que será destruido es la muerte» (v. 26). Dios manifestará su gran poder como soberano sobre todas las cosas mediante la destrucción del terrible enemigo de todas las criaturas de Dios: la muerte.

Sin embargo, esta conquista del reinado de Dios no se cumple en un acto único. Pablo se refiere a tres etapas en el triunfo del poder divino. Traduzcamos de manera literal el versículo 23: «Cristo, las primicias; *después de esto*, los que son de Cristo en su venida. *Después de eso* viene el fin, cuando entregue el reino a Dios». Ya hemos visto que el Libro de Apocalipsis divide la resurrección en dos etapas que llama primera y (presuntamente) segunda resurrección. Pablo nos señala que hay realmente tres etapas en el triunfo del poder divino y que la resurrección de Jesucristo es, en efecto, las «primicias» o el primer acto de la primera resurrección. Entonces, *la resurrección* comienza con la de Cristo. En su *parousía* ocurrirá la resurrección de los que pertenecen a Cristo. Esta no es una resurrección «general», sino solo de los que han compartido la vida de Cristo, es decir, los creyentes en él. Solo «después de eso» viene el fin, cuando Cristo entrega el reino al Padre. Como esta tercera etapa presenciará la derrota final de la muerte, el «último enemigo», debemos concluir que Pablo esperaba una resurrección futura «del resto de los muertos», en forma similar a lo descrito en Apocalipsis 20:12 ss. Por tanto, tenemos tres etapas en la conquista de la muerte: la resurrección final, la «primera» resurrección y la primicia de esta en la resurrección de Cristo. Esto puede indicarse en nuestro diagrama mediante los símbolos RC (Resurrección de Cristo), R1 y R2.

Aquí hay algo que resulta totalmente emocionante. La resurrección de nuestro Señor Jesucristo es el comienzo de la resurrección final. ¿Cómo sé yo que un día habrá una resurrección de los muertos cuando seamos levantados de la tumba a la semejanza de Cristo? ¿Qué es lo que imparte seguridad a esa esperanza? La respuesta es un hecho histórico: la resurrección ya ha comenzado. Esta es la importancia de las palabras de Jesús: «... porque yo vivo, vosotros también viviréis» (Jn 14:19). Este es el significado del poder de su resurrección (Fil 3:10) y la resurrección de vida que ahora podemos compartir (Ef 2:5). La resurrección de Cristo no es un hecho aislado; en realidad es un hecho escatológico que ha sido trasplantado al centro mismo de la historia. Estamos viviendo ya en el lado que marcha hacia el cielo de la primera etapa de la resurrección. Esto esclarece con nueva luz el dilema humano. El cielo ya ha iniciado en que la resurrección ya ha empezado a ocurrir. «Cristo, las primicias; luego los que son de Cristo, en su *parousía*, los que le pertenecen. Entonces vendrá el fin».

La resurrección de nuestro Señor Jesucristo es el comienzo de la resurrección final.

La conquista de la muerte en las tres etapas de la resurrección es una triple manifestación del reino de Dios. Las dos últimas etapas concuerdan con el bosquejo que ya hemos descubierto en el Libro de Apocalipsis de Juan. «Luego [después de su venida] el fin, cuando entregue el reino al Dios y Padre...» (1 Co 15:24). Esto concuerda con Apocalipsis 20:10 y 14: «Y el diablo que los engañaba fue lanzado en el lago de fuego y azufre [...]. Y la muerte y el Hades [el sepulcro] fueron lanzados al lago de fuego...». Al finalizar el reinado milenario de Cristo, el último enemigo, la muerte, será destruido. Este es el resultado final del majestuoso reinado de Cristo. Entonces, él entregará el reino a Dios el Padre, pues su reinado ha sometido a todos sus enemigos.

Una etapa previa de esta conquista ocurre al comienzo del milenio. Esta se declara tanto en Apocalipsis 20:4 y en 1 Corintios 15:23: «... luego los que son de Cristo, en su venida».

Esto significa el reino de Dios: la derrota de sus enemigos. El reino de Dios es el reino de nuestro Señor Jesucristo hasta que todos sus enemigos sean puestos debajo de sus pies. Sin embargo, ¿cuáles son enemigos? ¿Los hombres perversos? ¿El anticristo? ¿Las naciones ateas? Hemos encontrado ya nuestro punto de partida en la Escritura. «Y el postrer enemigo que será destruido es la muerte». Pablo define el reino de Dios desde la perspectiva de la conquista de enemigos tales como la muerte.

Pablo define el reino de Dios desde la perspectiva de la conquista de enemigos tales como la muerte.

¿De dónde proviene la muerte? La Palabra de Dios es clara sobre esto. «Porque la paga del pecado es muerte...» (Ro 6:23). La muerte viene a causa del pecado. El *último* enemigo en ser destruido es la muerte; por tanto, el pecado también es uno de los enemigos de Dios y también será destruido.

¿De dónde proviene el pecado? ¿Cuál es el origen de la maldad? Desde luego, es Satanás. Aquí tenemos un triunvirato infernal, una trinidad del abismo: Satanás, el pecado, la muerte. «Porque preciso es que él reine hasta que haya puesto a todos sus enemigos debajo de sus pies» (1 Co 15:25). Este será el triunfo del reino de Dios.

Hemos visto en nuestro diagrama y en nuestros estudios previos que la derrota de Satanás debe cumplirse cuando menos en dos etapas. Al final del milenio él es lanzado al lago de fuego para siempre. No obstante, al comienzo del milenio él es encerrado en el abismo y encadenado por mil años. Ahora llegamos a la cuestión decisiva de este capítulo: ¿se ha completado algo en el triunfo de Cristo sobre sus enemigos, o nuestra salvación es totalmente asunto de promesa? ¿La derrota del pecado, de Satanás y de la muerte durante el reinado de Cristo pertenece exclusivamente al futuro, o hay una victoria inicial que ha sido cumplida?

¿La derrota del pecado, de Satanás y de la muerte durante el reinado de Cristo pertenece exclusivamente al futuro, o hay una victoria inicial que ha sido cumplida?

La respuesta a esta pregunta importante ya ha sido sugerida en nuestro estudio de 1 Corintios 15. El triunfo sobre la muerte es en *tres* etapas, y la primera de ellas ya ha sido lograda. El reino de Dios, la actividad de su majestuoso poder a través de Cristo, se ha manifestado ya en la historia a través de la resurrección de Jesucristo. El triunfo sobre la muerte ha comenzado.

Ahora debemos examinar la cuestión siguiente: ¿es la victoria sobre el pecado y Satanás algo totalmente futuro, o ha actuado ya Dios con su poder regio para destruir el dominio de Satanás? En otras palabras, ¿ha invadido el reino de Dios la presente época perversa, el dominio de Satanás?

Partamos nuevamente desde un versículo importante de la Palabra de Dios. Hebreos 2:14-15: «Así que, por cuanto los hijos [es decir, aquellos a quienes Dios declara sus hijos] participaron de carne y sangre [es decir, puesto que somos seres humanos], él [Cristo] también participó de lo mismo, para destruir por medio de la muerte al que tenía el imperio de la muerte, esto es, al diablo, y librar a todos los que por el temor de la muerte estaban durante toda la vida sujetos a servidumbre». Estos son versículos que muchos jamás han leído con precisión. Hay muchos que nos dicen que la victoria sobre Satanás ocurre solamente en la *parousía* de Cristo en gloria. Leen estos versículos pensando que dicen: «Para destruir por medio de su *parousía* al que tenía el imperio de la muerte, esto es, al diablo». ¡Pero no! Es mediante su muerte que Cristo ha destruido a Satanás.

Debemos admitir que estos versículos son confusos. ¿Cómo puede ser que Satanás haya sido destruido? La confusión la causan las traducciones a lenguas modernas. La palabra griega usada aquí no tiene equivalente adecuado en nuestros idiomas modernos. La palabra «destruir» significa «arruinar» o «aniquilar completamente». La voz griega *katargéo*[2] significa literalmente «poner fuera de servicio», «hacer a algo inoperante», «inutilizar». Esta «destrucción» de Satanás se realizó mediante la muerte de Cristo. El Señor ejecutó en su muerte algo que constituyó una derrota para el diablo en que su actividad y su poder fueron restringidos de manera muy real.

Tenemos ahora *tres* etapas en la derrota de Satanás: al final del milenio, el lago de fuego; al comienzo del milenio, el abismo; y en la

---

2. El término *katargéo* aparece en Lucas 13:7 (inutilizar); Romanos 3:3 (hacer nula) y otros pasajes en que se ve que su sentido no es «destruir», «aniquilar». (Nota del editor).

cruz, la derrota inicial. Conforme el reino de Dios va manifestándose en tres etapas en su victoria sobre la muerte, asimismo va revelando su poder en las tres etapas de la derrota de Satanás.

En los Evangelios encontramos la misma verdad de la victoria actual sobre el mal. En Mateo 4:23-24 leemos del comienzo del ministerio de nuestro Señor: «Y recorrió Jesús toda Galilea, enseñando en las sinagogas de ellos, y predicando el evangelio del reino, y sanando toda enfermedad y toda dolencia en el pueblo. Y se difundió su fama por toda Siria; y le trajeron todos los que tenían dolencias, los afligidos por diversas enfermedades y tormentos, los endemoniados, lunáticos y paralíticos; y los sanó».

¿Existe alguna relación entre las frases «predicando el evangelio del reino» y «sanando toda enfermedad»? ¿Hay alguna relación entre las buenas nuevas del reino de Dios y el ministerio de sanidad de nuestro Señor?

Podemos encontrar la respuesta en el primer milagro reseñado en el Evangelio de Marcos. Jesús vino a Capernaum y en día de reposo entró a la sinagoga y comenzó a predicar. La gente estaba asombrada de su enseñanza, porque les enseñaba como quien tiene autoridad y no como los escribas. «Pero había en la sinagoga de ellos un hombre con espíritu inmundo, que dio voces, diciendo: ¡Ah! ¿qué tienes con nosotros, Jesús nazareno? ¿Has venido para destruirnos? Sé quién eres, el Santo de Dios. Pero Jesús le reprendió, diciendo: ¡Cállate, y sal de él! Y el espíritu inmundo [...] salió de él. Y todos se asombraron, de tal manera que discutían entre sí, diciendo: ¿Qué es esto? ¿Qué nueva doctrina es esta [...]?». ¿Qué había de nuevo en ello? El evangelio del reino. ¿Cuál era el nuevo elemento? Era que «... con autoridad manda aun a los espíritus inmundos, y le obedecen» (Mr 1:23-27). El ministerio de nuestro Señor y el anuncio de las buenas nuevas estuvieron caracterizados por sanidades, y las más notables de ellas por la expulsión de demonios. Él proclamó las buenas nuevas del reino de Dios y las demostró al liberar del dominio de Satanás a los hombres.

El capítulo 12 de Mateo establece claramente que la expulsión de demonios es obra del reino de Dios. La oposición contra nuestro Señor se había hecho intensa, pero los fariseos estaban perplejos ante el poder formidable de Jesús. Tenían que dar alguna explicación de sus grandes obras, y dijeron: «... Este no echa fuera los demonios sino por Beelzebú, príncipe de los demonios» (Mt 12:24). Los fariseos reconocieron la presencia de un poder sobrenatural, pero lo atribuyeron a la actividad del mismo diablo. «Sabiendo Jesús los pensamientos de ellos, les dijo: Todo reino dividido contra sí mismo, es asolado, y toda ciudad o casa dividida contra sí misma, no permanecerá. Y si Satanás echa fuera a Satanás, contra sí mismo está dividido; ¿cómo, pues, permanecerá su reino?» (vv. 25-26). Es ridículo decir que Satanás echa fuera a Satanás. Esto sería una guerra civil, una lucha interna, que no puede ser. ¿Cuál es la explicación del poder de Jesús? «Pero si yo por el Espíritu de Dios echo fuera los demonios, ciertamente ha llegado a vosotros el reino de Dios» (v. 28).

¿Cuál es el evangelio del reino? ¿Qué significa el anuncio de que el reino de Dios ha llegado? Significa esto: que Dios está ahora actuando entre los hombres para librarlos de su servidumbre a Satanás. Es el anuncio de que Dios en la persona de Cristo está haciendo algo; digamos, atacando el reino mismo de Satanás. La expulsión de demonios demuestra que el reino de Dios ha llegado a los hombres y está obrando entre ellos. Echar fuera demonios es en sí mismo una obra del reino de Dios.

Cambiemos esa expresión y volvamos a la estructura de las dos edades. El poder de Jesús sobre los demonios fue la revelación de que los poderes del siglo venidero han invadido la perversa edad presente. Este era la prueba de que el reino de Dios, el cual pertenece a la edad futura que comienza cuando Cristo venga en gloria, ya ha penetrado este siglo. Satanás no está destruido todavía como lo será cuando sea echado al lago de fuego. Todavía no está atado como lo estará durante el milenio en el abismo. A pesar de esto, el reino de Dios está activo; el Señor está atacando el reino de Satanás. «Pero si yo por el Espíritu de Dios echo fuera los demonios, ciertamente ha llegado a vosotros el reino de Dios» (v. 28). Echar fuera los demonios es una realización del poder del reino de Dios. La expulsión de demonios es una prueba de que el reino de Dios está presente.

Examinemos ahora cuidadosamente el versículo 29: «Porque ¿cómo puede alguno entrar en la casa del hombre fuerte, y saquear sus bienes, si primero no le ata? Y entonces podrá saquear su casa». Este es uno de los versículos más importantes del Nuevo Testamento para comprender el reino de Dios. Satanás es el «hombre fuerte», y «su casa» es este siglo. Los bienes del hombre fuerte son los seres humanos poseídos por demonios. La cuestión es esta, ¿cómo puede alguno entrar en los dominios de Satanás y quitarle sus bienes si no ata *primero* al hombre fuerte? Entonces podrá saquear sus bienes.

La expulsión de demonios es una prueba de que el reino de Dios está presente.

Ahora podemos hacer la pregunta crucial: ¿está Satanás atado? ¿Hay alguna forma en la cual nuestro Señor en su encarnación y en su ministerio terrenal haya atado al enemigo número uno?

De entrada, esto parece imposible, porque la Palabra de Dios dice que Satanás anda como león que busca a quien devorar. No obstante, debemos preguntarnos qué quiere decir realmente esta enseñanza de atar a Satanás. Debemos recordar que Satanás no es una criatura de carne y hueso, sino un ser del mundo espiritual. ¿Qué clase de cadenas usará uno para encadenar a un ángel, a un espíritu? ¿Qué clase de atadura lo retendrá? ¿Servirá una soga? ¿Será una camisa de fuerza algo adecuado? ¿Será el hierro suficientemente fuerte, o el acero forjado, o quizás el titanio? Resulta obvio que la enseñanza de atar a Satanás es una metáfora. Una metáfora es una verdad, pero no en forma literal o física, porque literalmente una cadena o una soga no pueden atar a un ente espiritual. Atar a Satanás quiere decir que la venida de Cristo, su presencia en la tierra, el ejercicio de su poder entre los hombres, ha logrado una derrota sobre Satanás de manera que se ha roto su poder. Satanás *está* atado.

No hay necesidad de identificar este versículo con el de Apocalipsis 20:2, donde se dice que Satanás fue prendido, atado con cadenas fuertes y echado al abismo por mil años. Estos dos versículos se refieren a dos sucesos distintos. Los que sostienen una interpretación no milenaria comúnmente identifican estos dos pasajes. Sin embargo, esta identificación resulta inverosímil. Con todo, Mateo 12:28 dice claramente que el reino de Dios ha entrado en la presente edad perversa. El poder de Satanás ha sido roto debido a que, en algún sentido, Satanás ha sido atado y los seres humanos pueden ser liberados del cautiverio satánico. Satanás es un enemigo vencido; y gracias a la obra de Cristo puedo yo ser liberado del poder de las tinieblas y ser traído al reino del amado Hijo de Dios.

Satanás es un enemigo vencido; y gracias a la obra de Cristo puedo yo ser liberado del poder de las tinieblas y ser traído al reino del amado Hijo de Dios.

La misma verdad de la derrota de Satanás a través del ministerio terrenal de nuestro Señor se declara en el décimo capítulo de Lucas.

El Señor había enviado a setenta discípulos a una gira de predicación justo antes de su viaje final a Jerusalén. En sus instrucciones para la misión de ellos, les dijo: «Y sanad a los enfermos [...] y decidles: Se ha acercado a vosotros el reino de Dios» (Lc 10:9). En la persona de los emisarios de nuestro Señor, el reino de Dios vino a las ciudades que ellos visitaron. Luego, ¿qué debían hacer si no eran bien recibidos? «Mas en cualquier ciudad donde entréis, y no os reciban, saliendo por sus calles, decid: Aun el polvo de vuestra ciudad, que se ha pegado a nuestros pies, lo sacudimos contra vosotros. Pero esto sabed, que el reino de Dios se ha acercado a vosotros. Y os digo que en aquel día será más tolerable el castigo para Sodoma, que para aquella ciudad. ¡Ay de ti, Corazín! ¡Ay de ti, Betsaida! que si en Tiro y en Sidón se hubieran hecho los milagros que se han hecho en vosotras, tiempo ha que sentadas en cilicio y ceniza, se habrían arrepentido. Por tanto, en el juicio será más tolerable el castigo para Tiro y Sidón, que para vosotras» (vv. 10-14).

¿Por qué nuestro Señor pronunció un juicio tan temible sobre estas ciudades? Porque el reino de Dios había llegado hasta ellas. La prueba de la presencia del reino era la sanidad de los enfermos. Las señales del reino eran manifiestas; su poder estaba obrando en ciudades como Corazín y Betsaida. El rechazo de los discípulos y de la misión de ellos significaba el rechazo del reino de Dios, y esto solamente podía resultar en un juicio temible.

La prueba de la presencia del reino era la sanidad de los enfermos.

«Volvieron los setenta con gozo, diciendo: Señor, aun los demonios se nos sujetan en tu nombre» (v. 17). Esencialmente decían: «Sanamos a los enfermos; sí, y conforme íbamos anunciando que el reino de Dios se ha acercado, hasta los demonios se sujetaban a nosotros, y los echábamos fuera». Luego Jesús declaró: «… Yo veía a Satanás caer del cielo como un rayo» (v. 18). Era como si dijera: «Mientras predicaban el reino de Dios y echaban fuera demonios, yo veía a Satanás caer del cielo. En el ministerio de ustedes de liberar a hombres y mujeres del cautiverio de Satanás, yo vi su caída». ¿Debemos acaso elaborar alguna especie de drama cosmológico con este versículo e imaginar que Satanás, que estaba «allá arriba», ahora está «aquí abajo»? No lo creo. Más bien, este versículo significa que Satanás ha sido derribado del pináculo de su poderío. Esta es la misma verdad que encontramos en Mateo 12:28. Satanás ha sido atado, ha caído como un rayo desde el cielo. Su poder se ha venido abajo. Aquí tenemos la evidencia: «El reino de Dios ha llegado a vosotros»; se echan fuera demonios, se libera a hombres y mujeres del poder de Satanás para que puedan entrar a disfrutar del poder de la vida y de las bendiciones del reino de Dios.

El reino de Dios implica que el Señor triunfó sobre sus enemigos, una victoria que ha de ser cumplida en tres etapas; y la primera de ellas ya ha acontecido. El poder del reino de Dios ha invadido los dominios de Satanás: el presente siglo malo. La actividad de este poder para libertar al ser humano del dominio satánico se puso en evidencia en la expulsión de demonios. Así, Satanás fue atado, fue derribado de su posición de poder; su poder fue «destruido». Las bendiciones de la edad mesiánica actualmente están al alcance de los que abracen el reino de Dios. Ya podemos disfrutar las bendiciones resultantes de la derrota inicial de Satanás. Sí, el reino de Dios se ha acercado y está presente.

Las bendiciones de la edad mesiánica actualmente están al alcance de los que abracen el reino de Dios.

Esto no significa que gozamos la *plenitud* de las bendiciones de Dios ni que *todo* cuanto está comprendido en el reino de Dios ha llegado a nosotros. Como dijimos en el capítulo anterior, la segunda venida de Cristo es absolutamente esencial para el cumplimiento y la consumación de la obra redentora de Dios. Sin embargo, ya Dios ha cumplido la primera etapa de su obra redentora. Satanás es el dios de este siglo, pero su poder ha sido quebrantado, de manera que los seres humanos pueden conocer el gobierno de Dios en sus vidas. El siglo malo sigue su curso, pero los poderes del siglo venidero han sido puestos al alcance de los hombres. Para el ojo humano, el mundo parece poco cambiado; el reinado de Satanás está inalterado. No obstante, el reino de Dios ha venido a los hombres; y los que lo reciben estarán preparados para entrar al reino de gloria cuando Cristo venga a terminar la buena obra que ya ha comenzado. Este es el evangelio del reino.

— 4 —

EL MISTERIO DEL REINO

El cuarto capítulo de Marcos y el decimotercero de Mateo contienen un conjunto de parábolas que explican el «… misterio del reino de Dios…» (Mr 4:11). Una parábola es un relato tomado de la experiencia diaria de la gente y que tiene el propósito de ilustrar la verdad central del mensaje de nuestro Señor. A esta verdad central se le llama «el misterio» del reino.

Primero debemos definir el significado del término «misterio». Un misterio en el sentido bíblico no es algo misterioso, profundo, oscuro, complicado o difícil. En las lenguas modernas puede tener ese significado, pero no podemos interpretar la Biblia a través del significado de las lenguas modernas. En la Escritura, con frecuencia «misterio» es un concepto cuyo significado se explica en Romanos 16:25-26 (NBLA). Pablo escribe: «Y a Aquel que es poderoso para afirmarlos conforme a mi evangelio y a la predicación de Jesucristo, según la revelación del misterio que ha sido mantenido en secreto durante siglos sin fin, pero que ahora ha sido manifestado, y por las Escrituras de los profetas [...] se ha dado a conocer a todas las naciones...». Esta es la idea bíblica de misterio: algo que ha sido mantenido en secreto a través de tiempos eternos, pero que ahora es revelado. Es un propósito divino que Dios ha concebido desde la eternidad, pero que ha mantenido oculto de los hombres. No obstante, en el curso de su plan redentor, finalmente Dios revela este propósito y lo hace saber al hombre mediante las Escrituras de los profetas. Un misterio es un propósito divino escondido en los secretos de Dios por mucho tiempo, pero que finalmente se descubre en una revelación nueva de la obra redentora de Dios.

Las parábolas explican el misterio del reino, una nueva verdad sobre el reino de Dios que no había sido revelada en el Antiguo Testamento, pero que al fin se manifiesta en el ministerio terrenal de nuestro Señor. ¿Cuál es este misterio?

Para contestar a esta pregunta, tenemos que remontarnos al Antiguo Testamento y examinar una profecía típica del reino venidero de Dios. En el segundo capítulo de Daniel, el rey Nabucodonosor tuvo la visión de una gran imagen que tenía la cabeza de oro, el pecho de plata, los muslos de bronce, las piernas de hierro y los pies de hierro y arcilla. Luego vio una piedra no cortada de manos que hirió la imagen por los pies y la redujo a polvo. Este polvo fue arrastrado por el viento «sin que de ellos quedara rastro alguno». Entonces la piedra que destruyó la imagen se convirtió en una gran montaña que llenó toda la tierra (Dn 2:31-35).

La interpretación se nos da en los versículos 44 y 45. La imagen representa las naciones que sucesivamente iban a dominar en el curso de la historia del mundo. El significado de la piedra se da con estas palabras: «Y en los días de estos reyes el Dios del cielo levantará un reino que no será jamás destruido, ni será el reino dejado a otro pueblo; desmenuzará y consumirá a todos estos reinos, pero él permanecerá para siempre, de la manera que viste que del monte fue cortada una piedra, no con mano, la cual desmenuzó el hierro, el bronce, el barro, la plata y el oro. El gran Dios ha mostrado al rey lo que ha de acontecer en lo por venir…».

Esta es la perspectiva del Antiguo Testamento del futuro profético. Los profetas prevén un día glorioso cuando venga el reino de Dios, cuando él establezca su reino sobre la tierra. Recordará el lector que hemos descubierto que el significado básico del reino de Dios es el gobierno de Dios. En aquel día cuando Dios establezca SU reino, este desplazará todos los demás reinos, todos los otros gobiernos y autoridades. Este frenará la orgullosa soberanía del hombre manifestada en el gobierno de las naciones que han dominado la escena de la historia terrenal. El dominio de Dios, su reino, su gobierno, aplastará toda oposición. Él, y solo él, será el Rey en esos días.

En la perspectiva del Antiguo Testamento, la venida del reino de Dios se concibe como un gran evento singular: una manifestación vigorosa del poder de Dios que barrería los reinos débiles de la soberanía humana y que llenaría la tierra de justicia.

Debemos ahora volver a examinar el Evangelio de Mateo y relacionar esta verdad a nuestro estudio anterior. Juan el Bautista había anunciado la venida del reino de Dios (Mt 3:2), por el cual entendía la venida del reino predicho en el Antiguo Testamento. El que había de venir traería un bautismo doble: unos serían bautizados con el Espíritu Santo y gozarían de la salvación mesiánica del reino de Dios, mientras otros serían bautizados en el fuego del juicio final (Mt 3:11). Esto es lo que Juan quiere decir, y esto se evidencia claramente en el versículo que le sigue. La obra del Mesías será una de tamizar y separar al ser humano. Así como el agricultor trilla y avienta su cosecha para retener el grano bueno y desechar los desperdicios, el Mesías limpiará su piso de trilla y recogerá su trigo en su granero (salvación para los justos), pero quemará la paja en el fuego (v. 12). La frase «fuego que nunca se apagará» demuestra que no es un fuego común a la experiencia humana, sino el fuego escatológico del juicio.

Desde la prisión, Juan envió mensajeros a Jesús para que le preguntaran si él era realmente el que había de venir, o si debían esperar a otra persona. La duda de Juan a menudo ha sido interpretada como la pérdida de confianza en su misión y en su llamamiento divino por causa de su encarcelamiento. Sin embargo, el elogio que Jesús hace de Juan produce que esto sea distinto. Juan no era una caña sacudida por el viento (Mt 11:7).

El problema de Juan fue creado porque Jesús no estaba actuando como el Mesías que Juan mismo había anunciado. ¿Dónde estaba el bautismo del Espíritu Santo? ¿Dónde estaba el juicio de los malos?

Jesús replicó que él ciertamente era el portador del reino, que las señales de la edad mesiánica de la profecía estaban siendo manifestadas. No obstante, Jesús dijo: «Y bienaventurado es el que no halle tropiezo en mí» (Mt 11:6). «Señor, ¿eres tú aquel que había de venir, o esperaremos a otro?». ¿Por qué hizo Juan esa pregunta? Porque la profecía de Daniel no parecía estar en proceso de cumplirse. Herodes Antipas gobernaba Galilea. Las legiones romanas desfilaban a través de Jerusalén. La autoridad estaba en manos de un pagano romano, Pilato. Roma, la idólatra, politeísta e inmoral gobernaba el mundo con manos de hierro. Aunque Roma ponía en juego gran visión y moderación al gobernar a sus súbditos, pues hacía a los judíos concesiones debido a sus escrúpulos religiosos; sin embargo, solo Dios tenía derecho a gobernar a su pueblo. La soberanía le pertenece solamente a Dios. Ahí estaba el problema de Juan; y era el problema de todo judío devoto, incluyendo a los más íntimos discípulos de Jesús, en sus esfuerzos por entender e interpretar la persona y el ministerio de Jesús. ¿Cómo podía él ser el portador del reino mientras el pecado e instituciones pecaminosas permanecían sin castigo?

Jesús contestó: «Bienaventurado es el que no halle tropiezo en mí». Lo que Jesús quería decir es esto: «Sí, el reino de Dios está aquí. No obstante, hay un misterio, una nueva revelación sobre el reino. El reino de Dios está aquí; pero en lugar de destruir la soberanía humana, ha atacado la soberanía de Satanás. El reino de Dios está aquí; pero en lugar de introducir cambios en las cosas externas, en el orden político, está realizando cambios en el orden espiritual, en las vidas de hombres y mujeres».

Este es el misterio del reino de Dios, la verdad que ahora Dios revela por primera vez en la historia de la redención. El reino de Dios obrará entre los hombres en dos etapas distintas. El reino *sí* vendrá en el futuro en la forma profetizada por Daniel, cuando toda soberanía humana será desplazada por la de Dios. El mundo contemplará la venida del reino con poder en el futuro. Sin embargo, el misterio, la nueva revelación, es que este reino de Dios ha venido a obrar entre los hombres en un forma totalmente inesperada. No está ahora destruyendo el gobierno de los humanos; no está ahora suprimiendo el pecado de la tierra; no está ahora comenzando a traer el bautismo de fuego que Juan había anunciado. No obstante, ha venido quieta, discreta, secretamente. Puede obrar entre los hombres y jamás ser reconocido por las multitudes. En el dominio espiritual, el reino ahora ofrece a los hombres las bendiciones del gobierno de Dios y los libera del poder de Satanás y del

El reino de Dios es un ofrecimiento, un regalo que puede ser aceptado o rechazado. El reino está ahora aquí con persuasión más que con poder.

pecado. El reino de Dios es un ofrecimiento, un regalo que puede ser aceptado o rechazado. El reino está ahora aquí con persuasión más que con poder.

Cada una de las parábolas de Mateo 13 ilustra este misterio del reino: que el reino de Dios, que todavía está por venir en poder y gran gloria, está realmente presente entre los hombres por anticipado en una forma inesperada para traer al ser humano, durante el presente siglo malo, las bendiciones del siglo venidero.

La primera parábola de Mateo 13 es la de las cuatro clases de terreno. El sembrador salió a sembrar. Conforme esparcía la semilla, unas cayeron sobre el camino que cruzaba el campo. Esta semilla no echó raíces, sino que estando allí expuesta, pronto la recogieron los pájaros. Otra semilla cayó entre piedras, en surcos que estaban sobre pedregales que tenían poca tierra debajo. Esta semilla germinó pronto y comenzó a crecer; pero cuando vino el tiempo caluroso, el suelo se secó rápidamente y los brotes perecieron porque no disponían de suficiente profundidad de terreno para conservar la humedad en tiempo caluroso. Aun otras semillas cayeron en lugares llenos de espinas. Estas semillas germinaron, pero las espinas también brotaron y ahogaron las semillas germinadas de manera que no llegaron a la madurez. Algunas semillas cayeron en tierra buena, profunda y limpia donde pudieron alcanzar su desarrollo y la madurez para producir una cosecha.

El misterio del reino de Dios es este: el reino de Dios está aquí, pero no con poder irresistible. El reino de Dios ha venido, pero no como una piedra que demuele la imagen y la convierte en polvo. No está ahora mismo destruyendo la impiedad. Todo lo contrario, es como un sembrador. El reino no se impone sobre los hombres. Algunos, como la buena tierra, lo reciben; pero hay muchos otros que no lo reciben. Algunos oyen la palabra del reino, pero esta jamás entra en sus corazones. Oyen el evangelio del reino, pero no comprenden la verdad que escuchan. Satanás viene y arrebata la simiente. La semilla no echa raíces; no produce vida.

Otras son superficiales. Oyen la palabra del reino y parece que la reciben; responden a ella. Dan apariencia de vida, pero no tienen profundidad. Quizás lo intelectual o lo emocional ha sido conmovido, pero la voluntad no ha sido cambiada. No tienen vida verdadera. Cuando surgen los problemas, cuando descubren que recibir el evangelio del reino no los libera del mal, cuando afrontan persecución y perversidad por haber recibido el mensaje del reino, esta se marchita y muere, porque no hay vida en ellos. Su profesión de fe es espuria.

Aun hay otros como las semillas en terreno espinoso. Al parecer reciben la palabra del reino, parecen creer y dan señales de vida; pero no están preparados para aceptar la humilde forma del reino de Dios. El afán de este siglo, el amor por las riquezas, la ambición, la ostentación y la presión para que se conformen a este siglo en que viven todavía ahogan la Palabra y esta se hace estéril.

Este es el misterio del reino: que el reino de Dios ha llegado a los seres humanos, mas *ellos pueden rechazarlo*. El reino no tendrá triunfo uniforme. No todos lo recibirán. Esto era algo impactante para quien solo conocía el Antiguo Testamento. Cuando el reino de Dios venga, vendrá con *poder*. ¿Quién podrá resistirlo? ¿Quién podrá resistir a Dios? No obstante, precisamente este es el misterio del reino. El reino está aquí, pero puede ser rechazado. Un día ciertamente Dios manifestará su poder majestuoso y purgará la tierra de perversidad, pecado y maldad; pero no ahora mismo. El reino de Dios está

> El reino de Dios está obrando entre los hombres, pero la voluntad de Dios no los obliga a inclinarse ante él.

obrando entre los hombres, pero la voluntad de Dios no los obliga a inclinarse ante él. El ser humano debe recibirlo; la respuesta debe venir de un corazón dispuesto y de una voluntad sumisa.

Dios todavía está tratando con nosotros de esta misma manera. Él no te obligará a entrar en su reino. La responsabilidad de los llamados al ministerio de la Palabra no está en hablar en forma autoritaria y compulsiva. Hablamos como emisarios de Dios, pero imploramos y no exigimos, persuadimos y no obligamos. Imploramos al ser humano que abra su corazón para que la Palabra de su reino pueda dar frutos en sus vidas. Sin embargo, el hombre puede rechazarla. El ser humano puede despreciar el evangelio del reino; puede desdeñar al predicador de la Palabra y quedar este impotente.

La parábola de la cizaña o de la mala hierba ilustra otra fase de la misma verdad. Un hombre sembraba trigo en su campo, pero su enemigo sembró allí cizaña. Cuando la cizaña fue descubierta, la servidumbre quería arrancarla, pero se les dijo que dejaran crecer la cizaña y el trigo hasta el momento de la cosecha. Entonces serían separados. Hasta el tiempo de la cosecha, la cizaña y el trigo deben crecer juntos.

Es de gran importancia notar que «El campo es el mundo…» (Mt 13:38). ¿De dónde sacamos la noción de que el campo es la iglesia? Jesús mismo dijo que el campo es el mundo, no la iglesia. Es una mala interpretación de la Palabra de Dios decir que la parábola enseña que en la iglesia deben crecer juntos los buenos y los malos, los regenerados y los que no lo son, hasta la cosecha y que no podemos ejercer la disciplina de la iglesia porque esto alteraría el orden de las cosas. Nuestro Señor no dijo tal cosa. No estaba hablando del carácter mixto de la iglesia, sino del mundo.

Además, leemos que «… la buena semilla son los hijos del reino, y la cizaña son los hijos del malo. […] la siega es el fin del siglo…» (vv. 38-39). Al final de esta edad, los ángeles vendrán y separarán el trigo de la cizaña. Con toda seguridad hay un día de juicio que traerá una separación final entre los justos y los impíos.

¿Cuál es el objeto de esta parábola? En el Libro de Daniel, cuando el reino de Dios venga, destruirá a los pecadores y barrerá la perversidad y la iniquidad de la faz de la tierra. En esta parábola, Jesús dice que el reino de Dios ya ha venido y ya está obrando en el mundo, pero no está destruyendo el pecado ni está purgando la tierra de lo malo. El reino de Dios verdaderamente está aquí, pero en forma distinta de cómo había sido previsto. Los hijos del reino, los que han recibido el evangelio del reino, y los hijos del malvado vivirán juntos *en el mundo* hasta el final de la edad. Solo entonces ocurrirá la separación final entre ellos. Para quien solo conocía el Antiguo Testamento, este era un anuncio asombroso. Cuando el reino de Dios venga, lo perverso no existirá más. No obstante, podemos formular la enseñanza de Jesús así: «El reino ha llegado y está obrando entre ustedes. Con todo, los perversos siguen viviendo con ustedes. El reino ha llegado, pero la edad impía sigue en marcha. El reino ha venido, pero los malos y los justos deben vivir juntos mezclados en la sociedad hasta que venga el Hijo del Hombre».

Los hijos del reino, los que han recibido el evangelio del reino, y los hijos del malvado vivirán juntos *en el mundo* hasta el final de la edad. Solo entonces ocurrirá la separación final entre ellos.

La naturaleza imprevista de la venida del reino a los hombres se ilustra más adelante en las parábolas tercera y cuarta de la semilla de mostaza y de la levadura. En el antiguo lenguaje semítico existía el modismo de ver a la semilla de mostaza como un símbolo proverbial de algo diminuto e insignificante. La mostaza era una planta que crecía rápidamente hasta alcanzar el tamaño de un gran arbusto. Jesús dijo: «... El reino de los cielos es semejante al grano de mostaza, que un hombre tomó y sembró en su campo; el cual a la verdad es la más pequeña de todas las semillas; pero cuando ha crecido, es la mayor de las hortalizas, y se hace árbol, de tal manera que vienen las aves del cielo y hacen nidos en sus ramas» (Mt 13:31-32).

Esta parábola ilustra que el reino de Dios está en la actualidad entre los hombres, pero en una forma que no había sido previamente revelada. Entre nosotros es algo diminuto, como algo insignificante, pequeño, como la semilla de la mostaza. Lo importante es que a pesar de que es como una semilla diminuta, aún es el reino de Dios. Podemos formular la enseñanza de Jesús así: «No permitan que su insignificancia aparente los engañe. No se desanimen. El tiempo vendrá cuando este mismo reino de Dios, que actualmente está aquí en forma de pequeñísima semilla, será un arbusto grande, tan grande que las aves de los cielos vendrán y harán nidos en sus ramas».

El mensaje de esta parábola no es la manera en que la semilla diminuta se convierte en árbol. Muchos intérpretes han puesto gran énfasis sobre el elemento del crecimiento y lo han usado para ilustrar la extensión gradual de la iglesia en el mundo. Este no es el propósito de la parábola. Si nuestro Señor hubiera deseado enseñar algo sobre el crecimiento lento y la expansión gradual, la ilustración de la semilla de mostaza, que rápidamente se hace un gran arbusto, no serviría para este objetivo. El crecimiento lento del roble hubiera sido mucho más adecuado para ilustrar el crecimiento gradual del reino. El crecimiento no es la verdad enseñada con esta parábola. Esta nada tiene para enseñarnos sobre *cómo* el reino vendrá en el futuro. Sabemos por otros pasajes bíblicos que el reino de Dios vendrá en poder majestuoso. Este poseerá la tierra solamente cuando el mismo Señor vuelva en majestad y gloria. La forma de este advenimiento futuro no es un elemento de la parábola. Esta explica una verdad: el reino de Dios, que un día llenará la tierra, está presente entre los hombres, pero en una forma que jamás había sido esperada. Es como una insignificante semilla de mostaza. Sin embargo, esta cosa diminuta *es* el reino de Dios y, por tanto, no debe ser menospreciada.

La parábola de la levadura ilustra la misma verdad. «Otra parábola les dijo: El reino de los cielos es semejante a la levadura que tomó una mujer, y escondió en tres medidas de harina, hasta que todo fue leudado» (Mt 13:33). El ama de casa hebrea no compraba pastillas de levadura en la tienda de la esquina. Tenía que tomar una masa que ya había fermentado y debía colocarla en la hornada que no había sido fermentada.

Esta parábola con frecuencia es interpretada en dos formas. Muchos la han adoptado como el texto básico para fundamentar la idea de que el evangelio está destinado a conquistar el mundo mediante una influencia gradual. Estos intérpretes ponen énfasis en la forma gradual en que la levadura obra: por impregnación y penetración lentas. Otros insisten en que la levadura siempre simboliza el mal y que la parábola ilustra la apostasía de la iglesia.

En este punto, debemos detenernos para resaltar una característica crucial de las parábolas. En el método parabólico de enseñanza no debemos buscar la verdad en cada detalle. Una parábola es un relato tomado de experiencias familiares de la vida diaria, y muchos de los detalles de la parábola son simples elementos de la cultura local. Una parábola no es un relato inventado. Una alegoría es un relato creado por la imaginación y, por consiguiente, susceptible a ser modelado por su autor de manera que en cada detalle puede señalar algún aspecto de la verdad que está siendo ilustrada. La parábola no es una alegoría. En lugar de ser un relato modelado por su autor, es un incidente de la experiencia diaria que necesariamente contiene detalles que no trasmiten ninguna verdad espiritual y que, por tanto, no deben forzarse en la interpretación.

Este principio merece ser ilustrado, pues es básico para evitar malinterpretaciones de las parábolas del reino. Jesús dijo una historia de un hombre que bajaba de Jerusalén a Jericó que se conoce como la parábola del buen samaritano (Lc 10:30-37). Este relato podía haber acontecido cualquier día de la semana. La parábola responde a una pregunta: «¿... quién es mi prójimo?» (v. 29). La mayoría de los detalles son meramente partes de un trasfondo pintoresco. ¿Quién es el viajero? Un hombre cualquiera. ¿Qué es Jerusalén? ¿Qué es Jericó? Dos ciudades cualesquiera del mundo. Las preguntas se hacen más difíciles al inquirir: ¿quiénes son los ladrones? ¿Cuántos eran? ¿Qué verdad espiritual es sugerida con el burro? ¿Qué verdad espiritual se presenta con las monedas que el samaritano pagó al hospedero? ¿Por qué dos monedas? ¿Quién es el hospedero? ¿Qué representa el hotel? ¿Qué verdad espiritual es formulada en el aceite y el vino? ¿Adónde fue el samaritano después de salir del mesón? Es obvio que la mayoría de esos detalles simplemente pertenecen al color local de la parábola.

Este principio está aún más claro en la parábola del mayordomo infiel (Lc 16:1-13). Aquí tenemos una parábola salida de los labios de Jesús en la cual se muestra deshonestidad. Si debemos encontrar el significado de ella en los detalles del relato, tendremos que admitir que Jesús enseñó que el fin justifica los medios. ¡La deshonestidad, la práctica de la astucia, no son malas si algo bueno se obtiene de ellas! Esto evidentemente no es lo que nuestro Señor enseña con esa parábola. Una sola verdad se enseña con esta parábola: las personas deben ser sabias en el uso de sus haciendas. Deben hacer inversiones de modo que estas les ayuden en el día de la necesidad espiritual (v. 9). El resto es en su totalidad color local.

Este principio resulta esencial para comprender la parábola de la levadura. La verdad no es la de una impregnación gradual del reino en el mundo. En ninguna otra parte la Escritura enseña esto. La verdad es la misma de la parábola de la semilla de mostaza. En su manifestación actual, el reino de Dios es como un puñado de levadura en una vasija grande llena de masa. La masa absorberá la levadura de tal manera que uno casi no podrá darse cuenta de la presencia de ella. Resulta casi imposible de observar; casi no puede verse. En lugar de que la gloria de Dios sacudiera la tierra, el reino vino en uno que es manso y humilde, destinado a morir, que tan solo tenía un puñado de discípulos. No hay que maravillarse mucho de que los historiadores romanos apenas mencionaran la obra de Jesús. Desde el punto de vista mundano, su persona y misión podían ser ignoradas. No obstante, uno no puede desilusionarse por eso; algún día toda la tierra estará llena del reino de Dios como la levadura llena toda la masa del recipiente. Los medios por los cuales se realiza este fin no es elemento importante de la parábola.

La otra interpretación errada consiste en considerar que la levadura es símbolo de lo malo. Según esta interpretación, la parábola ilustra que la iglesia profesante será impregnada por lo malo y que en los últimos días toda la iglesia vendrá a ser apóstata y corrupta. Sin duda es un hecho que frecuentemente la levadura, quizás hasta en la mayoría de los pasajes donde se usa en la Escritura, es símbolo de lo malo. Sin embargo, esto no siempre es cierto. La parte más importante donde se usó la levadura en la historia bíblica es en el Libro de Éxodo. Los israelitas recibieron órdenes de comer pan sin levadura en esta ocasión, pero no porque la levadura fuera un símbolo de lo malo y que el pan hecho sin levadura simbolizara la pureza. Éxodo 12:39 dice: «Y cocieron tortas sin levadura de la masa que habían sacado de Egipto, pues no había leudado, porque al echarlos fuera los egipcios, *no habían tenido tiempo* ni para prepararse comida». La levadura no es aquí símbolo de algo malo; pero el pan sin levadura era un símbolo de lo *apresurado*. Los israelitas no podían esperar a que la masa leudara.

Nuevamente, en Levítico 23, el pan hecho con levadura fue *ordenado* para la celebración de la Fiesta del Pentecostés (v. 17). En esta fiesta, los israelitas debían traer dos hogazas de pan con levadura como sacrificio a Dios. La Fiesta de Pentecostés era la fiesta de la cosecha, tiempo de regocijo. Se presentaba una ofrenda en acción de gracias a Dios porque él había dado la cosecha. El sacrificio consistía en hogazas de pan común de levadura, tal como el usado en los hogares, en representación de las primicias de la cosecha. Con la observancia de esta festividad, se ordenó al pueblo de Dios el uso de levadura como símbolo de regocijo y de acción de gracias. Ver en esta festividad la tipificación de la apostasía de la iglesia es un descontrolado uso de la alegorización.

La parábola de la levadura no implica un simbolismo de lo malo. La interpretación de que la levadura ilustra perversidad encara el problema de explicar cómo es que el verdadero reino de Dios, el dominio de la salvación, como también el reino en su supuesta «forma misteriosa» de la iglesia profesante, puede llegar a ser totalmente penetrada por el mal. Esta parábola se relata en Lucas 13:20-21 donde no tiene relación alguna con el reino davídico, sino con el reino espiritual. La levadura no simboliza aquí lo malo. Ella ilustra la verdad de que el reino de Dios puede a veces parecer una pequeña cosa insignificante. El mundo puede desecharlo e ignorarlo. ¿Qué podían hacer un carpintero galileo y una docena de discípulos judíos? No obstante, no desmayen, vendrá el día cuando el reino de Dios abarcará todo el mundo así como la levadura penetra toda la masa de la vasija. Los propósitos de Dios no serán frustrados.

Las parábolas del tesoro y de la perla de gran precio (Mt 13:44-46) siguen lógicamente a las de la semilla de mostaza y la de la levadura. El reino de Dios es como una diminuta semilla de mostaza, una pequeña cantidad de levadura, pero aun en esa forma insignificante, *es* el reino de Dios. Por tanto, esto es de valor inestimable. Aunque ha llegado a los hombres en forma humilde, nuestro Señor dice que el reino de los cielos es como un tesoro cuyo valor trasciende a toda otra posesión; es como una perla cuya adquisición merece arriesgar la pérdida de todos los demás bienes que poseamos. Nuevamente, la idea de que este hombre *compra* el campo o del comerciante que *compra* la perla nada tiene que ver con la verdad básica de la parábola. Esta parábola no nos dice que podemos comprar la salvación. Esta viene por la fe, el don gratuito de Dios; y Mateo 20:1-16 enseña que el reino es un don y no un premio que pueda ser ganado. Sin embargo, aun cuando el reino es un don de la gracia, también es algo costoso. Puede costarle a uno sus posesiones terrenales (Mr 10:21), o sus amistades, o los afectos de sus familiares y hasta la vida (Lc 14:26). No obstante, sea cual sea su costo, el reino de Dios es como un tesoro o una perla costosa cuya posesión merece cualquier precio que se dé por ella.

Aunque ha llegado a los hombres en forma humilde, nuestro Señor dice que el reino de los cielos es como un tesoro cuyo valor trasciende a toda otra posesión.

La parábola del lanzamiento de la red reafirma la verdad de que aunque el reino de Dios ha venido entre los hombres actualmente de una manera inesperada; sin embargo, desembocará en un juicio final, en la separación de los buenos y los malos y en la destrucción del mal. La revelación de la venida del reino en el Antiguo Testamento realza este evento catastrófico y apocalíptico. Cuando Dios traiga su reino, la sociedad de los impíos será reemplazada por la sociedad de los que se han sometido al gobierno de Dios, los que gozarán de la plenitud de las bendiciones divinas liberados de todo mal. Jesús enseñó que el propósito redentor de Dios había traído su reino a obrar entre los hombres en anticipación al día del juicio. Es como una red que reúne bajo su influencia hombres de varias clases, tanto buenos como malos. La separación entre los buenos y los malos no se ha hecho todavía; el día del juicio pertenece al final del siglo (Mt 13:49). Entre tanto, habrá dentro del círculo de los alcanzados por la actividad del reino de Dios en el mundo no solo los verdaderos hijos del reino, sino que también habrá en este movimiento hombres malos.

La parábola del trigo y la cizaña describe el carácter del mundo en sentido amplio; buenos y malos vivirán juntos hasta el día del juicio. La estructura de la sociedad humana no será perturbada ahora por la separación final de los hombres. La parábola de la red tiene una referencia más limitada y describe el círculo de los hombres que reciben la influencia de la actividad del reino de Dios en la persona de Cristo. Los hombres malos encontrarán modo de entrar en esa comunión. Esto explica cómo podía haber un Judas en el círculo inmediato de los discípulos de nuestro Señor. Explica por qué pueden surgir hombres perversos del seno de la iglesia (Hch 20:29-30) que llevarán a los hombres lejos de Cristo. Esto nos ayuda a entender por qué en la iglesia moderna, a pesar de lo cuidadosos que sean en sus esfuerzos por preservar la pureza bíblica de sus miembros, se encontrarán en el seno de la iglesia personas que resulten ajenas a los intereses del reino de Dios.

Deberíamos incluir en este estudio del misterio del reino una parábola importante que solo se halla en el Evangelio de Marcos. El reino de Dios es «... como cuando un hombre echa semilla en la tierra;

y duerme y se levanta, de noche y de día, y la semilla brota y crece sin que él sepa cómo. Porque de suyo lleva fruto la tierra, primero hierba, luego espiga, después grano lleno en la espiga; y cuando el fruto está maduro, en seguida se mete la hoz, porque la siega ha llegado» (Mr 4:26-29). Esta parábola es similar a la de la semilla de mostaza en que el elemento del crecimiento no es el propósito del relato. La mentalidad moderna, teñida del punto de vista evolucionista, ve en la idea del crecimiento el concepto de un desarrollo gradual y lento. Sin embargo, esto es una idea moderna, no bíblica. El apóstol Pablo usa la idea del crecimiento para ilustrar algo totalmente sobrenatural, la resurrección de los muertos (1 Co 15:36-38).

La parábola de la semilla que crece por sí misma expresa una sola verdad básica: «La tierra lleva fruto por sí misma». El reino de Dios es como una semilla desde este punto de vista: la semilla contiene el principio de la vida en sí misma. No hay nada que el agricultor pueda agregar a la vida que hay en la semilla. No puede hacerla crecer, no puede hacerla producir vida. Su única tarea está en sembrar la semilla. Luego deberá ocuparse de sus otras tareas. No obstante, mientras él está ocupado en otras cosas, hasta cuando duerme, la vida que hay dentro de la semilla y los poderes que hay en la tierra se harán sentir por sí mismos y producirán fruto.

El reino es de *Dios*; es su gobierno, su dominio. Dios ha dado a los hombres el evangelio del reino. Es nuestra responsabilidad proclamar las buenas nuevas del reino.

El reino de Dios es un milagro. Es el acto de Dios; es sobrenatural. Los hombres no pueden edificar el reino, no pueden erigirlo. El reino es de *Dios*; es su gobierno, su dominio. Dios ha dado a los hombres el evangelio del reino. Es nuestra responsabilidad proclamar las buenas nuevas del reino. Sin embargo, la verdadera obra del reino es de Dios. El fruto no lo produce el esfuerzo ni la habilidad humanas, sino la vida que posee el reino mismo. Es la proeza de Dios.

Este es el misterio del reino: antes del día de la cosecha, antes del fin de los tiempos, Dios ha entrado a formar parte de la historia en la persona de Cristo para obrar entre los hombres, para darles la vida y las bendiciones de su reino. Este llega humilde, modestamente. Llega al ser humano en la forma de un carpintero galileo que visitó las ciudades de la Palestina predicando el evangelio del reino, liberando a los hombres de su servidumbre al diablo. Llega al ser humano cuando los discípulos recorren todas las aldeas de Galilea con el mismo mensaje. Llega al ser humano hoy conforme los discípulos de Jesús siguen predicando el evangelio del reino al mundo entero. Llega tranquila, humildemente, sin fuego del cielo, sin llamaradas de gloria, sin derretir las montañas ni partir los cielos. Llega como una semilla que se siembra en la tierra. Puede ser rechazado por los corazones endurecidos, puede ser ahogado, la vida que posee puede a veces parecer que se marchita y muere. No obstante, esa simiente *es* el reino de Dios. Este trae el milagro de la vida divina entre los hombres. Introduce a los hombres al goce de las bendiciones del gobierno divino. Es para ellos la obra sobrenatural de la gracia de Dios. Este mismo reino, el mismo poder sobrenatural de Dios, todavía se manifestará al final de los tiempos. Esta vez no vendrá tranquilamente a través de las vidas de quienes lo reciban, sino en poder y en gran gloria para eliminar todo pecado y mal de la faz de la tierra. Ese es *el evangelio del reino*.

— 5 —

LA VIDA DEL REINO

Jesús dijo a Nicodemo: «... el que no naciere de nuevo, no puede ver el reino de Dios», y «... el que no naciere de agua y del Espíritu, no puede entrar en el reino de Dios» (Jn 3:3, 5). Estos versículos asocian el reino de Dios a la vida eterna. Indican que uno debe entrar en la vida del reino para entrar en el reino de Dios; hay que nacer de nuevo.

Hay en el corazón humano una gran sed de vida. Una persona no debe ser normal o estar emocionalmente equilibrada si renuncia al amor a la vida. Un profesor universitario había estado afectado por cierta deficiencia endocrina que le hizo la vida tan penosa que finalmente se sintió desesperado, tomó veneno y se quitó la vida. El peso de los sufrimientos y el fastidio llegaron a ser tan grandes que la perspectiva de este hombre inteligente vino a ser distorsionada y torcida. Es natural que el hombre ame la vida y se apegue a ella.

La Palabra de Dios ofrece una vida más elevada que la vida física que disfrutan los seres humanos. Esta es la vida del reino de Dios. Todos estamos familiarizados con el texto que dice: «… el que no naciere de nuevo, no puede ver el reino de Dios». No obstante, con frecuencia separamos la verdad de la vida eterna de la del reino de Dios y comúnmente no pensamos en la vida eterna como un aspecto del reino de Dios. Sin embargo, estos versículos ponen juntas esas dos grandes verdades bíblicas. Son de hecho inseparables. La vida que Cristo vino a darnos es la vida del reino de Dios.

> La vida que Cristo vino a darnos es la vida del reino de Dios.

En el capítulo anterior expusimos la enseñanza bíblica en torno al misterio del reino. Este misterio es una nueva revelación del propósito divino que no había sido mostrada a los santos del Antiguo Testamento. Desde la perspectiva de la revelación del Antiguo Testamento, se esperaba que la venida del reino de Dios trajera una transformación del orden existente. El reino de Dios traería cambios en el orden político y desplazaría a todas las autoridades y gobiernos humanos (Is 2:1-4).

Ahora tenemos que añadir una verdad bíblica adicional: cuando el reino de Dios venga, también se efectuará una transformación del orden físico (Is 11:6-9). La tierra será transformada.

Habrá cielo nuevo y tierra nueva. La creación será liberada de su tendencia a deteriorarse (Is 65:17; 66:22).

El misterio del reino es este: el reino que un día cambiará todo el orden externo ha entrado en este siglo por adelantado para traer las bendiciones del reino de Dios a hombres y mujeres sin transformar el viejo orden de cosas. La edad antigua sigue; no obstante, el ser humano puede ahora disfrutar de los poderes del siglo venidero. El reinado de Satanás aún se mantiene en pie, pero el reino de Dios ha invadido el de Satanás. Hombres y mujeres pueden ahora ser liberados de su poder, de su servidumbre, del dominio del pecado y de la muerte. Esta liberación se realiza porque el poder del futuro reino de gloria ha venido a obrar entre los hombres en una forma secreta y tranquila.

He repasado estos pasos a manera de introducción porque esta misma estructura está englobada en la verdad bíblica de la vida eterna. La vida eterna pertenece al futuro reino de gloria y al siglo venidero; sin embargo, esta vida eterna se hace asequible al hombre en el presente siglo malo.

En Mateo 25 encontramos una ilustración profética de la separación de las naciones a través del juicio del Hijo del Hombre. Él juzgará a los seres humanos así como las ovejas y las cabras son separadas. En el versículo 34 se anuncia el resultado de dicha separación: «Entonces el Rey dirá a los de su derecha: Venid, benditos de mi Padre, heredad el reino preparado para vosotros desde la fundación del mundo». Si estos fueran los únicos versículos que tuviéramos del reino de Dios, entonces tendríamos que concluir que el reino es por completo futuro, que no vendrá hasta el regreso de Cristo y que habrá un juicio final a los seres humanos donde los justos recibirán las bendiciones del reino de Dios.

Sin embargo, consideremos con cuidado el versículo 46. Este resume todo el pasaje: «E irán estos [los malvados] al castigo eterno, y los justos a la vida eterna». Los justos heredarán el reino; esto significa que entrarán a la *vida eterna*. Aquí son sinónimos el reino de Dios, que será establecido al regreso de Cristo, y la vida eterna. Por tanto, la vida eterna pertenece al futuro, al reino que Cristo establecerá al aparecer en gloria.

Hallamos la misma verdad en Mateo 19. Ya estudiamos ese capítulo en otro contexto. Un joven se acercó a Jesús y le dijo: «Maestro bueno, ¿qué bien haré para tener la vida eterna?» (v. 16). Esto se refiere a la misma vida eterna sobre la cual leímos en Mateo 25:46. Jesús respondió esencialmente algo como esto: «Debes abandonar tu lealtad a otras cosas y seguirme». Entonces el joven se fue, porque no pagaría el precio. Volviendo a Mateo 19, Jesús dijo a sus discípulos: «De cierto os digo, que difícilmente entrará un rico en el reino de los cielos» (v. 23). Ellos podrían haber preguntado: «Señor, creemos que ese joven inquirió sobre cómo tener *vida eterna*; mas tú dices que es difícil que entre un rico en el reino de los cielos. ¿Son el reino de los cielos y la vida eterna lo mismo?». Eso parece. El joven bien hubiera podido preguntar cómo entrar al reino de Dios, y Jesús pudo haber respondido: «Es difícil que un rico herede la vida eterna».

El Señor añadió: «Otra vez os digo, que es más fácil pasar un camello por el ojo de una aguja, que entrar un rico en el reino de Dios» (v. 24). Cuando los discípulos oyeron esto, se maravillaron y dijeron: «... ¿Quién, pues, podrá ser salvo?» (v. 25).

La vida eterna, el reino de Dios, el reino de los cielos, la salvación: todos ellos pertenecen al futuro y están reservados para los discípulos del Señor Jesús.

Si esta fuera la totalidad del evangelio, tendría que concluir que no puedo ahora mismo disfrutar de vida eterna. La salvación y la vida eterna nos esperan en el futuro. Algún día seremos salvos. Quizás podamos decir que somos salvos hoy en el sentido de que estamos confiados en que algún día entraremos a la vida eterna. No obstante, la salvación en este sentido es solamente una garantía de que cuando Cristo venga, *entonces,* entraremos al reino, *entonces,* entraremos a la vida eterna. Si estos versículos constituyeran la totalidad del evangelio, no podríamos experimentar la vida eterna aquí y ahora. La vida eterna pertenecería exclusivamente al futuro, al glorioso reino de Dios. ¿Cómo puede la vida eterna ser al mismo tiempo una bendición futura y una realidad del presente?

Ciertamente la vida eterna pertenece al futuro. Pablo pone esto en claro en su análisis sobre la resurrección en 2 Corintios 5. Él prevé un día cuando recibiremos «... de Dios un edificio, una casa no hecha de manos, eterna, en los cielos» (v. 1). Esta esperanza se cumplirá en la venida de Cristo cuando los santos experimentarán la resurrección de sus cuerpos. En nuestros actuales cuerpos mortales, «... gemimos con angustia...» (v. 4) y deseamos un cuerpo distinto. La muerte es una experiencia derogatoria, porque sugiere el abandono del cuerpo, «la desnudez». Lo que Pablo anhela es no estar «desnudos», separados del cuerpo, sino ser hallados «vestidos», es decir, obtener el cuerpo de la resurrección «... para que lo mortal sea absorbido por la vida» (v. 4).

Esta es la vida eterna. Esta tiene que ver con el hombre como un todo. Tiene que ver no solamente con mi alma, sino también con mi cuerpo. Cuando finalmente heredemos el reino de Dios (1 Co 15:50), lo que es mortal, nuestro cuerpo físico frágil, será absorbido por la vida. La vida eterna incluye la redención de nuestros cuerpos. Heredar el reino de Dios significa la transformación de estos cuerpos de carne y sangre (1 Co 15:50). Todos nosotros, aun cuando hayamos recibido el don de la vida, estamos muriéndonos. Para algunos, el descenso a la tumba será un acto prolongado, gradual y doloroso. Para otros, ocurrirá de forma repentina. Algunos gozarán de vigor en gran medida casi hasta el mismo

La vida eterna incluye la redención de nuestros cuerpos. Heredar el reino de Dios significa la transformación de estos cuerpos de carne y sangre.

final de sus vidas. Sin embargo, todos caminamos con rumbo al sepulcro, pues somos criaturas mortales que agonizan.

Dios tiene algo mejor para nosotros. Vendrá un día cuando lo que es mortal será absorbido por la vida. Los dolores de espalda, de cabeza, los nervios alterados, la artritis, los corazones agotados, las úlceras y el cáncer serán sanados bajo el influjo de la vida del siglo venidero. Nuestros doctores, dentistas y cirujanos no tendrán más pacientes. Nuestros hospitales, sanatorios y demás instituciones de salud estarán vacíos. La vida eterna significará la salvación, la transformación del cuerpo.

El carácter futuro de la vida eterna de nuevo se enseña en Apocalipsis. Juan escribe: «Después me mostró un río limpio de agua de vida, resplandeciente como cristal, que salía del trono de Dios y del Cordero. En medio de la calle de la ciudad, y a uno y otro lado del río, estaba el árbol de la vida, que produce doce frutos, dando cada mes su fruto; y las hojas del árbol eran para la sanidad de las naciones» (Ap 22:1-2). Esta es una hermosa promesa de plena realización de la vida. El río de aguas de vida: beberemos de él y no moriremos jamás. El árbol de vida: comeremos de su fruto, y la fragilidad, el deterioro, los sufrimientos, la miseria y la muerte desaparecerán. Entonces experimentaremos en su máxima expresión la vida que Dios tiene para nosotros. Las hojas del árbol de vida son para la sanidad de las naciones. ¿Haremos un ungüento de estas hojas y las restregaremos donde sintamos dolores, o haremos con ellas una bebida y nos la beberemos? Al hacer estas preguntas, corroboramos que se trata de una ilustración poética; pero es una representación poética de un hecho glorioso, objetivo. La mortalidad será absorbida por la vida.

Juan luego afirma: «Y no habrá más maldición; y el trono de Dios y del Cordero estará en ella, y sus siervos le servirán» (v. 3). Esa es la realidad máxima. Maravillosa como es la salvación del cuerpo, la realidad superior será que Dios habitará en medio de su pueblo. El versículo 4 dice: «y verán su rostro…». Los impedimentos de la carne y del pecado serán barridos. Miraremos su rostro. Esa es la comunión perfecta, el gozo pleno del amor de Dios. Luego dice: «… y su nombre estará en sus frentes» (v. 4). Aquí nuevamente tenemos una manera simbólica de decir que Dios poseerá de manera perfecta a su pueblo y disfrutará de una comunión inalterada. Le perteneceremos a Dios de manera perfecta y su propósito se cumplirá en nosotros de manera absoluta. Esta es la vida, la vida eterna; esta es la vida del reino de Dios.

Esto se demuestra mediante las palabras de Pablo en el capítulo sobre la resurrección, cuando leemos en 1 Corintios 15:24-26: «Luego el fin, cuando entregue el reino al Dios y Padre […]. Porque preciso es que él reine hasta que haya puesto a todos sus enemigos debajo de sus pies. Y el postrer enemigo que será destruido es la muerte». Entonces, él entregará el reino al Padre. Luego reinará la vida eterna, pues la muerte será destruida. Por tanto, el reino de Dios será todo en todos, porque sus enemigos serán destruidos. Esta es la vida eterna del reino de Dios. No es una vida que solo se relaciona con nuestro espíritu; tiene que ver con la totalidad de la persona. Dios cuida de nuestros cuerpos; tiene el propósito de redimirlos.

Le perteneceremos a Dios de manera perfecta y su propósito se cumplirá en nosotros de manera absoluta. Esta es la vida, la vida eterna; esta es la vida del reino de Dios.

La vida es futura. Sin embargo, en el Evangelio de Juan encontramos declaraciones como esta: «… yo he venido para que tengan vida, y para que la tengan en abundancia» (Jn 10:10). Jesús vino para darnos vida hoy mismo, no solamente en el futuro, al final de los tiempos, sino ahora. De alguna manera la vida del siglo venidero ha llegado a nosotros aquí y ahora, mientras todavía estamos en nuestros cuerpos mortales viviendo en el siglo malo.

Esta verdad se recalca con estas palabras: «El que cree en el Hijo tiene vida eterna...» (Jn 3:36). «... El que oye mi palabra, y cree al que me envió, tiene vida eterna; y no vendrá a condenación, mas ha pasado de muerte a vida» (Jn 5:24). Nosotros *tenemos* vida eterna; es una posesión actual. ¿En su plenitud? Difícilmente. Un avión se desploma sobre la tierra y destruye todo su cargamento humano. Cristianos y paganos, creyentes e incrédulos, todos mueren. No se nos resguarda de tal cosa; no se nos quita de en medio de los estragos de la enfermedad, del sufrimiento, o de la muerte. Sin embargo, la Palabra de Dios afirma: «El que cree en el Hijo tiene vida eterna». ¿Cómo puede esta vida ser del futuro y del presente?

En estos versículos sobre la vida eterna encontramos la misma estructura que habíamos descubierto en nuestro estudio sobre las dos edades y el reino de Dios. La edad venidera pertenece al futuro, y, sin embargo, los poderes del siglo venidero han penetrado en el presente siglo malo. El reino de Dios pertenece al futuro, y, sin embargo, las bendiciones del reino de Dios han entrado a la edad presente para librar al ser humano de la esclavitud a Satanás y al pecado. La vida eterna pertenece al reino de Dios, al siglo venidero. No obstante, esta también ha entrado en el presente siglo malo para que los seres humanos puedan experimentar la vida eterna en medio

El reino de Dios pertenece al futuro, y, sin embargo, las bendiciones del reino de Dios han entrado a la edad presente para librar al ser humano de la esclavitud a Satanás y al pecado.

de la decadencia y la muerte. Entramos en esta experiencia de la vida mediante el nuevo nacimiento, al nacer de nuevo.

¿Qué es la vida eterna? ¿En qué consiste esta bendición? Primero, la vida eterna significa el conocimiento de Dios. «Y esta es la vida eterna: que te conozcan a ti, el único Dios verdadero, y a Jesucristo, a quien has enviado» (Juan 17:3).

La idea bíblica del conocimiento no consiste sencillamente en la comprensión de los hechos mediante la mente. Ese es un concepto griego. El conocimiento en la Biblia es algo más que una comprensión intelectual. El conocimiento significa experiencia; significa una relación personal. Conocimiento significa comunión. Yo *conozco* a mi amigo Juan. Esto no quiere decir que he leído una semblanza sobre él en el diccionario de personajes titulado *Quién es quién* y que puedo decir de memoria algunos hechos como el lugar donde nació, su edad, su esposa, sus hijos, profesión, etc. Quizás pudiera recitar todos estos hechos y aun así no conocerlo. Quizás podría saber mucho sobre él y aun así no haberlo conocido personalmente. Conocer a una persona significa que hemos gozado de su compañerismo, que nos hemos relacionado, que hemos compartido el goce de la mutua amistad.

Esta es la vida eterna, no que usted pueda repetir un credo, o citar algunos versículos de la Biblia, o hablar de algunos hechos sobre Dios. Eso no es conocer a Dios. «Y esta es la vida eterna: que te conozcan a ti, el único Dios verdadero…». Comunión con Dios; amistad con él; una relación personal con él: esta es la vida eterna.

Volvamos al Libro de Apocalipsis: «… y el trono de Dios y del Cordero estará en ella, y sus siervos le servirán, y verán su rostro, y su nombre estará en sus frentes» (Ap 22:3-4). En el siglo venidero, la vida de ese glorioso reino significa la perfección de nuestra comunión con Dios y de conocerlo. Lo veremos cara a cara.

La vida eterna significa que *ya* hemos sido llevados a una relación personal con Dios aquí y ahora. La vida eterna significa que ya hemos sido presentados a Dios, que él ya es nuestro Dios, que hemos llegado a ser su pueblo y que hemos comenzado a participar de su vida.

Este conocimiento de Dios pertenece propiamente al siglo venidero, al día en que el reino será establecido de manera definitiva. Esto está claro en la profecía de Jeremías sobre el día cuando el reino de Dios venga en gloria y poder. «He aquí que vienen días, dice Jehová, en los cuales haré nuevo pacto con la casa de Israel y con la casa de Judá. No como el pacto que hice con sus padres el día que tomé su mano para sacarlos de la tierra de Egipto [...]. Pero este es el pacto que haré con la casa de Israel después de aquellos días, dice Jehová: Daré mi ley en su mente, y la escribiré en su corazón; y yo seré a ellos por Dios, y ellos me serán por pueblo» (Jr 31:31-33). Note particularmente el versículo siguiente: «Y no enseñará más ninguno a su prójimo, ni ninguno a su hermano, diciendo: Conoce a Jehová; porque todos me conocerán, desde el más pequeño de ellos hasta el más grande, dice Jehová...» (v. 34). En ese día no habrá más conferencias bíblicas, o necesidad de escuelas bíblicas, seminarios, escuelas dominicales y cursos de adiestramiento, porque todos conocerán al Señor y no necesitarán más enseñanza sobre él.

Esto ilustra una comunión perfecta cuando los hombres hayan obtenido un conocimiento personal, profundo y perfecto de Dios. Sin embargo, este conocimiento de Dios pertenece propiamente al siglo venidero, al día en que la voluntad de Dios se haya consumado de manera perfecta sobre la tierra. Esa es la visión de Jeremías 31. Es este íntimo, directo conocimiento de Dios lo que constituye la vida eterna.

No obstante, la enseñanza de nuestro Señor en el Evangelio de Juan es que ya hemos entrado en la vida eterna, ya hemos sido introducidos en este conocimiento de Dios. De algún modo, el futuro se ha convertido en presente. Las bendiciones del siglo venidero han sido puestas al alcance de los hombres ahora mismo. Sin duda no en toda su plenitud y perfección; pero el conocimiento de Dios en Juan 17:3 no es una promesa; es una realización, una experiencia actual, una comunión presente que de forma maravillosa será ampliada y perfeccionada en el siglo venidero.

Este conocimiento de Dios incluye una comprensión de su verdad, no solamente en la esfera intelectual, sino también en el impacto de la verdad sobre la vida. El conocimiento de la verdad incluye el elemento intelectual, pero no se detiene allí. Así, la Escritura habla del que «... practica la verdad...» (Jn 3:21). Cuando alcancemos un perfecto conocimiento de Dios, gozaremos también de una comprensión de su verdad que en la actualidad no poseemos. Entonces no habrá presbiterianos ni bautistas, calvinistas ni arminianos, premilenarios ni amilenarios ni posmilenarios, sino que todos conocerán perfectamente la verdad de Dios porque él instruirá a todos.

Dios nos ha permitido alcanzar algo del conocimiento de la verdad divina aquí y ahora; sin embargo, en el mejor de los casos, este es parcial e incompleto. No obstante, sabemos que es real. Aunque imperfecto, este conocimiento es la mayor y más maravillosa realidad de nuestra vida, porque la verdad de Dios trae a los hombres a la comunión con él.

Aunque imperfecto, este conocimiento es la mayor y más maravillosa realidad de nuestra vida, porque la verdad de Dios trae a los hombres a la comunión con él.

El carácter parcial de este conocimiento crea dilemas prácticos. Sin duda será maravilloso el día en que todo el pueblo de Dios pueda estar de acuerdo en su conocimiento de él y su verdad. Ese día está en el futuro; todavía no ha llegado. Muchos problemas surgen debido a que el pueblo de Dios no reconoce las enseñanzas de la Escritura sobre la naturaleza parcial del conocimiento cristiano. A veces, la gente insiste en que debe haber una conformidad absoluta en todos los detalles del conocimiento que tengamos de Dios y de la doctrina cristiana; pero la Escritura no respalda eso. La Palabra de Dios es clara en que nuestro conocimiento es incompleto. Debido a lo imperfecto de nuestro conocimiento, dice Pablo en 1 Corintios 13, debemos ejercer el don del amor. Las varias ministraciones del Espíritu Santo en la iglesia primitiva en la forma de dones de profecía, lenguas, conocimiento (revelación sobrenatural de la verdad divina) eran dados a los hombres porque ahora conocemos en parte (1 Co 13:12). Estos dones pertenecen a nuestra «niñez», es decir, a nuestra vida terrenal. Cuando alcancemos la madurez perfecta, cuando veamos cara a cara y conozcamos plenamente como también nosotros fuimos conocidos (1 Co 13:11-12), abandonaremos las cosas de la niñez. Nosotros ya no necesitaremos estos auxilios del Espíritu Santo para ayudarnos a llenar las lagunas de nuestra ignorancia. Sin embargo, cuando los demás dones hayan dejado de ser, perdurará el amor. El amor es aquel don del Espíritu que está por encima de todos los demás y que caracterizará nuestra comunión perfeccionada en el siglo venidero. Este amor lo disfrutamos ahora, y la iglesia sobre la tierra será una colonia del cielo, que disfrutará por anticipado de la vida del siglo venidero *en la medida* en que le permitamos al Espíritu Santo manifestar el don del amor en nuestras relaciones mutuas, especialmente en aquellos aspectos en que nuestro conocimiento imperfecto nos lleva a disentir sobre interpretaciones de la Palabra de Dios en los pormenores de la teología.

Pablo afirma claramente este hecho en 1 Corintios 13:12. Ahora en este siglo «... vemos por espejo, oscuramente...». Los espejos antiguos eran un pedazo de metal pulido que se empañaba y deformaba fácilmente. Estos daban una imagen imperfecta. Se podía reconocer lo reflejado allí, pero lo que se veía en ellos estaba lejos de ser una imagen perfecta. Ahora, en esta edad, vemos en un espejo, de manera imperfecta; «... mas entonces veremos cara a cara...». En el siglo venidero, ya no veremos una imagen reflejada, veremos cara a cara.

Ahora examinemos cuidadosamente la última parte del versículo 12: «... Ahora conozco en parte...». No hay persona que haya vivido jamás, aparte del mismo Señor Jesús, que pueda decir: «Yo soy la verdad. ¡Ustedes deben seguirme!». El apóstol inspirado dijo: «Ahora conozco en parte». Esto nos coloca a todos en lugar de humildad frente a Dios. Debemos escudriñar la Escritura, debemos estudiar la Palabra de Dios, debemos poner nuestra esperanza en Dios. No obstante, debido a que todavía estamos en el siglo malo, cuando hayamos hecho lo mejor que podamos, estamos obligados a decir: «Señor, he escudriñado tu Palabra; pero solo conozco en parte; no tengo un conocimiento perfecto».

«Ahora conozco en parte». Esto demanda de nosotros que guardemos la Palabra de Dios con humildad y caridad: con humildad hacia Dios y con caridad hacia nuestros hermanos. Un día veremos cara a cara y conoceremos como somos conocidos. Sin embargo, qué precioso es que se nos haya permitido disfrutar de las verdades fundamentales de este conocimiento de Dios antes de llegar al siglo venidero. «Y esta es la vida eterna: que te conozcan a ti».

El segundo sentido de la vida eterna es la vida del Espíritu de Dios que habita en nosotros. Jesús dijo: «... el que no naciere de nuevo, no puede ver el reino de Dios [...] el que no naciere de agua y del Espíritu, no puede entrar en el reino de Dios» (Jn 3:3-5). La vida del siglo venidero es la obra del Espíritu de Dios. En 1 Corintios 15, Pablo prevé la vida del siglo venidero, la vida del reino de gloria, la vida en que estos cuerpos mortales serán transformados; y él describe esa vida con estas palabras: «... Se siembra en corrupción, resucitará en incorrupción. Se siembra en deshonra, resucitará en gloria; se siembra en debilidad, resucitará en poder. Se siembra cuerpo animal, resucitará cuerpo espiritual...» (1 Co 15:42-44).

¿Qué es un cuerpo *espiritual?* A primera vista, esta frase podría parecer una contradicción. ¿Cómo puede uno hablar de un cuerpo espiritual? Un cuerpo es algo material, y el espíritu es lo contrario a la materia. Es cierto que los antiguos concebían a veces el espíritu como hecho de una materia muy tenue, pero ese no era el pensamiento de Pablo. Un «cuerpo espiritual» no es un cuerpo que consiste de espíritu, sino un cuerpo cuya vida y energía provienen del Espíritu, el Espíritu de Dios. Por tanto, un cuerpo espiritual es uno verdadero, tangible, objetivo, pero que está completa y perfectamente dotado de energía, de animación y de poder a través del Espíritu Santo de Dios.

Por tanto, un cuerpo espiritual es uno verdadero, tangible, objetivo, pero que está completa y perfectamente dotado de energía, de animación y de poder a través del Espíritu Santo de Dios.

Hemos visto ya este pensamiento esencial en 2 Corintios 5, donde Pablo está previendo el día en que la mortalidad sea absorbida por la vida eterna (v. 4). Ahora examinemos cuidadosamente el versículo 5: «Mas el que nos hizo para esto mismo es Dios, quien nos ha dado las arras del Espíritu». Además, en Efesios 1:13-14, Pablo dice: «En él también vosotros, habiendo oído la palabra de verdad, el evangelio de vuestra salvación, y habiendo creído en él, fuisteis sellados con el Espíritu Santo de la promesa, que es las arras de nuestra herencia hasta la redención de la posesión adquirida, para alabanza de su gloria». ¿Cuál es esta herencia? Es la plenitud de vida, la redención del cuerpo, la transformación de nuestra estructura mortal en la plenitud del poder, la fuerza y la gloria de un «cuerpo espiritual». Esta herencia está a la vista en los tres pasajes siguientes: 1 Corintios 15:42-50; 2 Corintios 5:1-10, y Efesios 1:14. No obstante, todavía no poseemos esta herencia. Sin embargo, tenemos más que una promesa: Dios nos ha dado el Espíritu Santo como unas *arras* (RVR1960), o una *garantía* (NBLA).

¿Qué son las arras? No usamos esta palabra frecuentemente en la conversación de todos los días, pero tenemos otra palabra distinta para expresar la misma idea. Las arras son un pago inicial. Es mucho más que una «garantía», como lo traduce la NVI, es una posesión parcial, pero verdadera. Si uno decide comprar una casa, investigará hasta encontrar la casa que desea. Quizás cueste doscientos mil dólares; el precio es un poco alto, pero es la casa que uno ha estado buscando. Por tanto, uno le promete al dueño que un día señalado le entregará el dinero y firma un contrato de compra. ¿Le da eso derecho a uno sobre la casa? No se lo da. Supongamos que uno diga: «Vamos al notario público y ante él haré juramento de que, en tal fecha, pagaré la casa». ¿Le dará eso derecho sobre la casa? No se lo dará. Supongamos que uno trae un grupo de amigos a título de testigos quienes declaran que el individuo es un compañero honrado, honorable y que tiene una buena cuenta en el banco. ¿Le dará esto algún derecho sobre la casa? No se lo dará. Hay una cosa que le da valor al acuerdo: ¡Dinero en efectivo! No doscientos mil, que sería el precio total de la casa, sino un primer pago sustancial. A esto se llama «dinero en arras».

La posesión actual del Espíritu Santo es un pago inicial. Es más que una promesa, aunque también *es* una promesa. Es mucho más que una garantía, aunque también *es* una garantía. Es una posesión actual, aunque parcial, que garantiza la plena posesión a su debido tiempo. Esta es la vida en el Espíritu, la vida eterna. La plenitud de vida espera la venida de Cristo; pero hasta que lo mortal haya sido absorbido por la vida, Dios nos ha dado su Espíritu como un pago inicial. La posesión del Espíritu Santo es el primer avance de la vida que un día experimentaremos en su plenitud. El nuevo nacimiento es el comienzo, parcial pero real, de la vida del siglo venidero. Esto quiere decir que ya tenemos dentro de nosotros la vida del cielo. Significa que ya participamos de la vida que pertenece al futuro reino de Dios; no la tenemos en plenitud, pero la tenemos en verdad.

Examinemos una frase más que describe esta verdad en términos diferentes. En Romanos 8:22-23, Pablo está describiendo la redención futura de toda la creación en el siglo venidero, el día cuando el propósito redentor de Dios será completado y la creación será librada de la servidumbre de corrupción para entrar en la gloriosa libertad de los hijos de Dios. «Porque sabemos que toda la creación gime a una, y a una está con dolores de parto hasta ahora; y no solo ella, sino que también nosotros mismos, que tenemos las primicias del Espíritu, nosotros también gemimos dentro de nosotros mismos, esperando la adopción, la redención de nuestro cuerpo». Aquí tenemos nuevamente la misma verdad maravillosa. Algún día, nuestros cuerpos serán redimidos. Algún día, la totalidad de la creación física será transformada. Algún día, la vida que mana de la resurrección de Cristo renovará toda la estructura de la existencia humana. Hasta ese día, ¿qué? Gemimos, nos sentimos

El nuevo nacimiento es el comienzo, parcial pero real, de la vida del siglo venidero. Esto quiere decir que ya tenemos dentro de nosotros la vida del cielo.

agobiados, sufrimos, morimos. No obstante, no es solo eso: tenemos las *primicias del Espíritu.*

¿Cuáles son las primicias? Permítame ilustrar las primicias mediante algunos árboles frutales de mi huerto. Avanzado el invierno, podo los árboles y los rocío con insecticidas. Cuando viene la primavera, los brotes surgen y compruebo que los árboles están vivos. No obstante, los brotes no son las primicias; son promesas, porque si no hubiera brotes, ciertamente no habría fruto. Sin embargo, he visto árboles cargados de brotes que jamás han producido frutos. Tras los brotes salen las hojas, pero no hay frutos todavía. Pronto tras las hojas aparece la pequeña fruta verde. ¿Son estas las primicias? Hubo un año en que un árbol estaba cargado de pequeñas ciruelas verdes y duras, pero más tarde vino un ventarrón que las tumbó del árbol. Tenía muchas ciruelitas verdes en el suelo, pero no tuve cosecha. Esto no es una primicia.

Las primicias se producen cuando la fruta ha comenzado a madurar. Uno observa al árbol día tras día. Luego llega el momento en que el primer durazno está por fin maduro. Usted ha estado esperando esa ocasión y recoge ese delicioso durazno, el primero de la temporada, el único que en el árbol está en condiciones de comerse. Todos los restantes están un poco verdes, también duros de comer. No obstante, hay un durazno maduro. Uno lo muerde, el jugo da gusto al paladar y uno se goza del sabor del primer durazno. Esa es la primicia. No es la cosecha, sino el *comienzo*

Dios nos ha dado su Espíritu como primicia de la vida que viene con la resurrección. Cuando Cristo venga, recibiremos la cosecha, la plenitud de la vida del Espíritu de Dios.

de la cosecha. Es más que una promesa; es una experiencia. Es una realidad. Es una posesión.

Dios nos ha dado su Espíritu como primicia de la vida que viene con la resurrección. Cuando Cristo venga, recibiremos la cosecha, la plenitud de la vida del Espíritu de Dios. Sin embargo, Dios ya nos ha dado su Espíritu como primicia, un goce anticipado, una experiencia inicial de la futura vida celestial.

¿Has llegado a comprender que la misma vida del cielo habita dentro de ti aquí y ahora? ¿Lo sabías acaso? Temo que estemos viviendo la mayor parte de nuestras vidas solo como una promesa. Con frecuencia cantamos del futuro, y así debemos cantar. Nuestro evangelio es uno de promesa gloriosa y esperanza. Sí, lo mejor, lo más glorioso está aún en el futuro. Sin embargo, no debemos vivir solo para el futuro. El futuro ya ha comenzado. El siglo venidero se ha introducido en este siglo. El reino de Dios ha llegado hasta ti. La vida eterna que corresponde al mañana está aquí hoy. La comunión que experimentaremos cuando lo veamos a él cara a cara ya es nuestra, en parte, pero en forma real. La transformadora vida del Espíritu de Dios que un día transformará nuestros cuerpos ha venido a habitar dentro de nosotros y a transformar nuestros caracteres y personalidades.

La vida eterna que corresponde al mañana está aquí hoy. La comunión que experimentaremos cuando lo veamos a él cara a cara ya es nuestra, en parte, pero en forma real.

Esto es lo que significa la vida eterna. Esto es lo que significa ser salvo. Significa vivir en cada día del siglo malo presente la vida del cielo. Significa que toda comunidad local del pueblo de Dios que ha recibido esta vida debe vivir en comunión, adorar y servir juntos como personas que han gustado anticipadamente del cielo aquí en la tierra. Así debe ser la comunión en la iglesia cristiana. Que Dios nos ayude a vivir la vida del siglo venidero en medio de este siglo malo. Él ya nos ha introducido en la comunión con él. Esta es la promesa, el pago inicial, las arras, el Espíritu Santo que habita en nosotros, la vida del siglo venidero. Este es el evangelio del reino. Esta es la vida del siglo venidero.

— 6 —

LA JUSTICIA DEL REINO

En el Sermón del monte, nuestro Señor describe la justicia del reino. La importancia de este reino de justicia se halla en Mateo 5:20: «Porque os digo que si vuestra justicia no fuere mayor que la de los escribas y fariseos, no entraréis en el reino de los cielos». El Sermón del monte bosqueja las condiciones necesarias para entrar al reino de los cielos. Este versículo reúne los aspectos futuros y actuales del reino. Los requisitos para la entrada al reino futuro es tener una justicia presente, justicia que exceda a la de los escribas y los fariseos. ¿Qué clase de justicia es esta?

La justicia requerida para la entrada a la esfera futura del reino de Dios es la justicia resultante del reinado de Dios en nuestras vidas. Su reino nos da aquello que exige; de otra manera, no podríamos obtenerlo. La justicia que Dios pide es la justicia de su reino que él imparte conforme viene a gobernar nuestras vidas.

En el texto citado, la justicia ahora demandada se establece en contraste con la justicia de los escribas y los fariseos. Esto es importante porque los escribas y los fariseos estaban profundamente interesados en la justicia. Los escribas eran profesionales estudiosos de la religión. Ellos eran hombres que dedicaban todo su tiempo, como los profesores de seminarios teológicos, a estudiar la Escritura y cuyo principal objetivo era la definición de la justicia. Los fariseos eran los que habían aceptado las enseñanzas de los escribas, los discípulos que ponían en práctica las enseñanzas de los escribas con el fin de alcanzar una vida de justicia.

Los escribas y sus discípulos estaban motivados por la única preocupación de lograr justicia. Sin embargo, nuestro Señor dice que sus discípulos deben tener una justicia que exceda la de los fariseos. ¿Cómo puede lograrse esto? Los escribas habían desarrollado un enorme cuerpo de leyes para definir lo que era justo y lo que era injusto. Ellos dedicaban mayor atención y estudio a la definición de la justicia que cualquiera de nosotros.

Por ejemplo, la ley dice que no se debe trabajar en día de reposo. Si la justicia consiste en la obediencia a la ley, esta debe ser explícita. Entonces, surge la siguiente pregunta: ¿qué es trabajar? Si la conformidad con la voluntad de Dios se define por la ley, entonces uno debe saber exactamente cuándo está obedeciendo la ley y cuándo la desobedece. Los escribas y los fariseos no dejaban nada al juicio individual ni a la orientación del Espíritu Santo. Ellos deseaban definiciones de lo que era correcto y de lo que no lo era en toda situación posible. Por consiguiente, habían compilado un gran cuerpo de tradición para suministrar esta necesaria definición de la justicia que se recopiló en la Mishná y más tarde en el Talmud.

¿Qué es el trabajo? Permítame ilustrar el problema. Al llegar a mi casa después de haber adorado en el *sabbat* (día de reposo) veo una hoja seca en un rosal junto al camino. Me detengo y recojo la hoja seca. ¿He trabajado? Probablemente no. Luego veo una rama seca y la rompo. ¿He trabajado? Luego veo otra rama que no puedo arrancar, así que saco mi navaja y la corto. ¿He violado el reposo? Todavía hay otra rama tan grande como mi dedo pulgar, demasiado grande para mi navaja, de modo que busco mis tijeras podadoras y la recorto. ¿He trabajado? La acción final es que podé todos mis rosales.

Si vivo por la ley, debo tener una reglamentación de la ley de Dios mediante la cual pueda saber cuándo estoy cumpliendo su voluntad, porque mi salvación depende de eso. Debo saber qué es trabajo y qué no lo es.

A continuación menciono una ilustración real de la erudición rabínica. Un hombre cría pollos. En el *sabbat* una de sus gallinas pone un huevo. ¿Es justo o injusto comerse el huevo? ¿Hay trabajo en esa operación o no lo hay? Para los escribas, este era un problema serio, y los rabinos discutieron la cuestión y decidieron lo siguiente: si un hombre criaba pollos con el propósito de producir huevos para comerlos y las gallinas ponían huevos en día de reposo, esto implicaba trabajo y comer el huevo significaba violar el reposo. No obstante, si criaba pollos con otro propósito y acontecía que las gallinas ponían huevos en día de reposo, no había trabajo comprendido en este hecho; los huevos podían comerse sin violar el reposo. Esto puede resultar gracioso para nosotros; pero desde el punto de vista de los judíos ortodoxos, cuya salvación dependía del cumplimiento de la ley, las condiciones de la salvación no eran materia risible.

Jesús dijo: «... si vuestra justicia no fuere mayor que la de los escribas y fariseos, no entraréis en el reino de los cielos». ¿Cuál es esa mayor justicia del reino? La respuesta se encuentra en las ilustraciones específicas sobre justicia que nuestro Señor dio, las cuales comprenden cierto número de principios o «leyes».

Primero, tenemos la ley de la ira. «Oísteis que fue dicho a los antiguos: No matarás; y cualquiera que matare será culpable de juicio» (Mt 5:21). La ley del Antiguo Testamento, la tradición rabínica y la legislación moderna reconocen que hay diferentes clases de homicidio. El asesinato premeditado no es igual al homicidio accidental; y aunque ambos tienen como resultado la muerte de una víctima inocente, hay diferencia en la motivación del acto y, por consiguiente, diferencia en el grado de culpabilidad que la ley toma en cuenta.

Jesús fue mucho más lejos. «Pero yo os digo que cualquiera que se enoje contra su hermano, será culpable de juicio; y cualquiera que diga: Necio, a su hermano, será culpable ante el concilio; y cualquiera que le diga: Fatuo, quedará expuesto al infierno de fuego» (Mt 5:22). La versión RVA1909 cambia completamente el sentido al dicho al traducir «... cualquiera que se enojare *locamente* con su hermano...». La RVR1960 dice: «La ira es pecado»; la RVA1909 dice: «La ira injustificada es pecado». La explicación de esta divergencia es sencilla. Si usted lee estas palabras en las Biblias griegas más antiguas existentes, no encontrará la palabra «locamente». Esta palabra no está en el texto, sino que fue insertada por copistas porque el lenguaje de nuestro Señor parecía ser demasiado radical. ¿Quién puede evitar enojarse algunas veces? Con seguridad el Señor no pudo haber afirmado que todo enojo condena al hombre a la perdición. Debió haberse referido al enojo loco injustificado, al enojo que no proviene de provocación. El dicho aparentemente severo de los más antiguos textos griegos fue suavizado con la adición de una sola palabra griega: *eike*, traducida en la versión RVA1909 como «locamente». Sin embargo, eso no fue lo que dijo el Señor. Jesús dijo: «... cualquiera que se enoje contra su hermano, será culpable de juicio...» (Mt 5:22). Esto es lo que se lee en los manuscritos griegos más antiguos que no estuvieron al alcance de los traductores de la versión de 1909.

En este mismo versículo, la RVA dice: «... cualquiera que dijere á su hermano, Raca, será culpado del concejo...», es decir, estará expuesto a juicio y condenación ante la corte. El término *Raca* es una palabra aramea que podría significar: «Cabeza vacía», pero no sabemos suficiente del idioma arameo para estar seguros de cuál es su significado. En todo caso, es una palabra emocionalmente fuerte, una expresión de ira; y solo eso requerimos para entender el tema.

De vuelta a la RVR1960, el versículo concluye: «... y cualquiera que le diga: Fatuo, quedará expuesto al infierno de fuego». Cuando yo era niño, era muy cuidadoso de jamás llamar a nadie «pobre tonto», ni aun en broma, porque había leído este versículo. Estaba seguro de que si mi lengua se deslizaba y se me ocurría llamar a alguien necio o fatuo, sin duda iría al infierno. No es esta exactamente la manera en que debe tomarse el versículo, porque reitero que no sabemos con precisión qué quería decir esa palabra en arameo. No obstante, el verdadero significado de las palabras de nuestro Señor no se encuentra en el significado preciso de «*raca*» o «fatuo». El asunto está en que ambas palabras, y muchas otras, son evidencias de cólera y menosprecio hacia otros; y es este enojo lo que preocupa a nuestro Señor en este caso, sea cual sea la expresión que lo denuncie.

¿Es la ira tan mala como el asesinato?

¿Qué quiso decir Jesús? ¿Es la ira tan mala como el asesinato? ¿Herir el espíritu de otra persona profiriendo un epíteto maldiciente es tan grave como lanzarle un hacha que le desparrame los sesos? Esto no puede ser lo que quiere decir el Señor, de otro modo destruimos el código moral. Lo que Jesús quiso decir fue esto: «Ciertamente el homicidio es pecado; pero yo te digo que la ira es pecado». Aquí está la raíz del asunto: la ira es pecado. ¿Te has encontrado alguna vez en una situación en la cual te sentías profundamente enojado, y aunque no asesinaste a nadie, de haberle dado rienda suelta a tus sentimientos, lo habrías hecho? Si las miradas pudieran abrir en dos la cabeza a una persona, en aquel momento la cabeza de alguien hubiera sido rajada de oreja a oreja. Cuando existe tal ira en el corazón, cuando se tiene una actitud maligna hacia otro, hay pecado. El homicidio es fruto de una ira completamente desarrollada.

Las enseñanzas de los escribas ponen el énfasis en el acto exterior. Un hombre puede albergar odio hacia otro, pero no es culpable de pecado grave si refrena su ira. Jesús dice básicamente: «Esta no es la justicia verdadera». No es el acto externo lo más importante de todo, sino la actitud del corazón del hombre. Si en su corazón hay odio latente e ira amarga que solo se expresa en palabras o pensamientos, a la vista de Dios esa persona es un pecador y merece el infierno. Puede que usted jamás haya blandido un garrote, lanzado una piedra, o clavado un cuchillo a nadie; pero si su corazón alberga amargura, odio e ira, Jesús dice que está condenado ante Dios como pecador.

No es el acto externo lo más importante de todo, sino la actitud del corazón del hombre.

La justicia que el reino de Dios demanda no tiene que ver solamente con los actos externos del pecado. Va más allá del acto, a la raíz del hecho, al corazón, y tiene que ver con lo que un hombre es en sí mismo delante de Dios. La justicia del reino dice: lo que *eres* es más importante que lo que *haces*. A menos que su justicia sea mayor que la de los escribas y los fariseos, jamás entrará al reino de Dios.

La justicia del reino demanda que yo no albergue en mi corazón maldad hacia mi prójimo. Es obvio que el corazón justo solo puede ser un don de Dios. Él da lo que exige. Si conocemos la justicia del reino de Dios, la ira y la animosidad, que frecuentemente brotan dentro de nosotros debido a que somos seres humanos caídos de la gloria de Dios, pueden ser transformados en actitudes de amor y cuidado. La justicia del reino de Dios es el producto de su reinado en el corazón humano. Dios debe reinar en nuestras vidas ahora si queremos entrar al reino de mañana.

Tenemos luego la ley de pureza. «Oísteis que fue dicho: No cometerás adulterio. Pero yo os digo que cualquiera que mira a una mujer para codiciarla, ya adulteró con ella en su corazón» (vv. 27-28). Nuevamente, la justicia superior del reino de Dios es la del corazón, en contraste con una mera justicia de la conducta. La ley de los escribas prohibía las relaciones sexuales ilícitas, y si uno se abstenía de tal conducta pecaminosa, era inocente. Jesús dice que hay un nivel más alto que se exige de los hombres y las mujeres. Es el nivel de justicia del reino de Dios. Es aquel nivel que no puede formularse según un código legal porque, más allá de los actos, mide la intención. Antes que cuestión legal, el adulterio es pecado. Jesús dice esencialmente: «Si en tu corazón hay lujuria, ante Dios eres un pecador culpable que necesita de su perdón».

El reino de Dios no se detiene en lo externo; este penetra hasta nuestros pensamientos e imaginaciones, hasta los propósitos de la mente y del corazón.

¿Nos atrevemos a ser sinceros con la Palabra de Dios? Hay probablemente pocas personas que lean estas palabras y puedan ser condenadas como adúlteros o adúlteras en el sentido estricto del término. No obstante, el reino de Dios no se detiene en lo externo; este penetra hasta nuestros pensamientos e imaginaciones, hasta los propósitos de la mente y del corazón. Va hasta las mismas fuentes de nuestro ser. Jesús nos enseña: si hay lujuria, si miras una mujer con deseo perverso, eres ante Dios un pecador. La justicia, la pureza sexual comienza en el corazón.

¡Cuán moderno es este versículo! En una época donde el pecado es objeto de elogio y es exhibido, cuando nuestros hábitos sociales arrojan tentaciones sobre nosotros, necesitamos retornar al estándar antiguo de justicia y pureza bíblica.

La necesidad de tener un corazón puro está realzada en las siguientes palabras: «Por tanto, si tu ojo derecho te es ocasión de caer, sácalo, y échalo de ti; pues mejor te es que se pierda uno de tus miembros, y no que todo tu cuerpo sea echado al infierno» (v. 29). Es muy importante notar que este versículo y los inmediatamente siguientes no deben ser interpretados en forma rígida y literal. No podrá satisfacer la justicia del Sermón del monte tan solo mediante el cumplimiento de las letras externas de sus enseñanzas. Supongamos que su ojo está constantemente haciéndolo pecar. Entonces lee este versículo y dice: «Estoy decidido a resolver este problema. La Biblia dice que si mi ojo me hace caer, me lo debo sacar». Después, en un arranque de decisión, hiere con un palo puntiagudo su ojo y lo destruye. ¿Está resuelto su problema? ¿Estará entonces libre del pecado de adulterio? Usted padecerá gran dolor y sufrimiento, pero su problema real no ha sido tratado, pues el pecado habita en el corazón, no en el ojo.

Lo mismo es cierto del versículo siguiente: «Y si tu mano derecha te es ocasión de caer, córtala, y échala de ti; pues mejor te es que se pierda uno de tus miembros, y no que todo tu cuerpo sea echado al infierno» (v. 30). Supongamos que su mano constantemente lo lleva al pecado. Luego lee este versículo y declara de inmediato: «Esta es la solución de mi pecado. Me cortaré la mano; entonces no pecaré más». ¿Resolverá esto su problema? El problema no está en la mano, sino en el corazón, en la mente.

¿Qué es lo que el Señor quiere decir? Si sus palabras no deben tomarse en forma literal, ¿cómo debemos entenderlas? Este es su significado: si la lujuria es el pecado que lo acosa, haga cuanto sea necesario para encontrar la solución al problema, sea cual sea su costo. Si sacarse un ojo lo resuelve, hágalo. Si al cortarse la mano se resuelve el problema, hágalo. Haga lo que sea necesario. No juegue con el pecado, no dé lugar a la tentación, o lo destruirán.

Es obvio que tenemos aquí nuevamente un modelo de justicia que supera el nivel logrado por los humanos. ¿Quién está libre de perder la calma? ¿Quién es puro y libre de lujuria? Tomadas fuera del contexto, estas palabras solo nos condenan a la perdición. Ninguna persona en ninguna dispensación puede lograrlo. No obstante, esa es la justicia que el reino de Dios exige; y la justicia que Dios demanda de nosotros, él debe dárnosla, o estamos perdidos. La única vida que puede llegar a ser pura es la vida de quien conoce el poder del reino de Dios, su gobierno en nosotros. Es más, solo aquellos sobre quienes Dios ahora ejerce su gobierno entrarán a su reino futuro. Esto significa que aparte de la gracia de Dios no hay salvación, sino condenación.

Haga lo que sea necesario. No juegue con el pecado, no dé lugar a la tentación, o lo destruirán.

Debemos notar los versículos 31 y 32. «También fue dicho: Cualquiera que repudie a su mujer, dele carta de divorcio. Pero yo os digo que el que repudia a su mujer, a no ser por causa de fornicación, hace que ella adultere; y el que se casa con la repudiada, comete adulterio». Esta es una enseñanza que contradice los convencionalismos modernos. Hoy el matrimonio y el divorcio son asuntos triviales. Los patrones de la moralidad matrimonial a menudo están determinados por las conveniencias y no por la Palabra de Dios. Este patrón no bíblico está prevaleciendo en toda nuestra cultura. Con cuánta frecuencia un hombre o una mujer se separa de su cónyuge porque se ha cansado de ella o de él, o porque ha encontrado una nueva pasión. Tal conducta se está convirtiendo en una moda. La Palabra de Dios dice que eso es pecado. Jesús dijo que había un motivo de divorcio. Cuando un miembro de la pareja es infiel y viola el voto matrimonial, a la vista de Dios, los lazos matrimoniales se han roto. El Antiguo Testamento condenaba el adulterio con la pena de muerte (Lv 20:10). El Nuevo Testamento dice que quien adultera debe considerarse como muerto, y el compañero inocente queda libre de sus votos matrimoniales como si su cónyuge hubiera muerto. No obstante, el divorcio para casarse con otra persona es pecado, porque tiene sus raíces en la lujuria. Nuestra generación necesita volver a los modelos bíblicos de pureza en las relaciones sexuales para fundamentar la estabilidad de la vida familiar. Esta es la justicia que corresponde al reino de Dios.

Enseguida nos encontramos con la ley de honestidad. «Además habéis oído que fue dicho a los antiguos: No perjurarás, sino cumplirás al Señor tus juramentos. Pero yo os digo: No juréis en ninguna manera; ni por el cielo, porque es el trono de Dios; ni por la tierra, porque es el estrado de sus pies; ni por Jerusalén, porque es la ciudad del gran Rey. Ni por tu cabeza jurarás, porque no puedes hacer blanco o negro un solo cabello. Pero sea vuestro hablar: Sí, sí; no, no; porque lo que es más de esto, de mal procede» (Mt 5:33-37).

Es posible tomar estos versículos superficialmente en una interpretación literal de la letra y no dar con su significado cabal. Algunas personas consideran que satisfacen la enseñanza del pasaje cuando no permiten que se les tome juramento en una corte de justicia. Sin embargo, el juramento formal que se toma en el procedimiento legal moderno no es el contexto de esta enseñanza. Lo establecido por las palabras del Señor es algo muy distinto. El judío de la antigüedad estaba muy dispuesto a hacer juramentos para demostrar su pretendida buena voluntad y fidelidad. Para la mentalidad judía, los objetos diferían en grado de santidad, y un juramento obligaba solo hasta el grado de santidad del objeto usado en el juramento. Así, de acuerdo con la tradición de los escribas, un hombre podía obligarse mediante una sucesión de juramentos y, sin embargo, violar su palabra sin tener culpa. La casuística judía llegó a su clímax en las discusiones de los escribas sobre la validez de los juramentos. Esto hizo una burla de la ética fundamental de la honestidad. Es esta la situación histórica que proporciona el trasfondo de las enseñanzas de nuestro Señor. Jesús dijo básicamente: «No juren ni por el cielo ni por la tierra ni por Jerusalén ni por tu cabeza». Estos y muchos otros objetos se usaban para hacer juramentos.

Lo que nuestro Señor quiere decir es esto: si tienes que hacer un juramento antes de que se crea tu palabra, ese mismo hecho te condena como pecador. El hombre que conoce la justicia del reino de Dios no necesita hacer juramentos para nada. Su palabra sola es válida.

El hombre que conoce la justicia del reino de Dios no necesita hacer juramentos para nada. Su palabra sola es válida.

Cuán moderna es esta antigua enseñanza. Su importancia no se halla en la cuestión de un juramento formal en nuestros procesos legales. Puede haber un hombre celoso en la observancia a la letra de sus compromisos, pero si encuentra la manera de pasar por alto la letra y tomar alguna ventaja desleal sobre su competidor, se siente orgulloso de su astucia. ¡Que el otro sea inteligente y se proteja de ese tecnicismo! La justicia del reino de Dios corta de cuajo esa hipocresía superficial. Haga que su palabra sea su juramento. Cuando diga que hará algo, que su prójimo pueda confiar en su palabra, tanto en el espíritu como en la letra de su promesa. Esta es la ley de la honestidad.

¡Cuánto ponen a prueba nuestra ética comercial la justicia del reino y la ley de honestidad! ¡En la sociedad de competencia, los cristianos a menudo emplean los patrones del mundo en la conducción de sus negocios en lugar de emplear los patrones correspondientes al reino de Dios! Al considerar la manera en que algunos cristianos se comportan en sus relaciones comerciales, uno no podría saber si conocen algo de la justicia de Dios. Él desea que demos testimonio con nuestros labios; pero es mucho más importante qué somos y cómo vivimos. «Porque os digo que si vuestra justicia no fuere mayor que la de los escribas y fariseos, no entraréis en el reino de los cielos» (Mt 5:20).

Consideremos una ilustración más de la justicia del reino: la ley del amor. «Oísteis que fue dicho: Ojo por ojo, y diente por diente. Pero yo os digo: No resistáis al que es malo; antes, a cualquiera que te hiera en la mejilla derecha, vuélvele también la otra; y al que quiera ponerte a pleito y quitarte la túnica, déjale también la capa; y a cualquiera que te obligue a llevar carga por una milla, ve con él dos. Al que te pida, dale; y al que quiera tomar de ti prestado, no se lo rehúses» (vv. 38-42).

Estas enseñanzas han sido piedras de tropiezo para muchos. ¿Cómo puede ser posible aplicar el Sermón del monte en este mundo perverso y vivir conforme a sus patrones? Si alguien interpreta estas palabras en forma literal, ciertamente no puede dirigir un emprendimiento comercial o proteger sus propios intereses. Recientemente pasaba yo por una aldeíta de Nueva Inglaterra donde viví cuando muchacho y me detuve en una de las dos tiendas principales para ver a un señor a quien recordaba desde mi niñez. Su nombre estaba en el letrero sobre la puerta, pero la tienda estaba cerrada y dentro todo estaba en confusión. Me detuve en la otra tienda, más adelante en la misma calle, y pregunté: «¿Qué le ha pasado a John X, que su tienda está cerrada?». Me dijeron que John había sido demasiado amable y generoso. Confiaba en todo el mundo. Concedió crédito tan ilimitado que llegó a quebrar. Tuvo que salirse de los negocios debido a sus deudas.

¿Es esto lo que el Sermón del monte nos dice que hagamos? Si lo acatáramos en forma literal estricta, este sería el resultado inevitable y frecuente. Si las naciones occidentales practicaran literalmente la no resistencia y liquidaran todos los recursos militares, nos encontraríamos de inmediato con una tiranía mundial del comunismo. Sin embargo, ya hemos descubierto que nuestro Señor a veces usa metáforas radicales que no debían tomarse con rigidez literal. El estaba interesado en las condiciones del corazón, en las actitudes internas de la mente.

Conjuntamente con lo que se dice en este pasaje hay otros principios que jamás han sido derogados. Pablo, por inspiración, insiste en el principio de la ley y el orden. En Romanos 13:4-5, afirma que los procedimientos judiciales son de origen divino. Es más, nuestro Señor mismo no cumplió al pie de la letra este versículo si debe interpretarse estrictamente en forma literal. En Juan 18:19 ss., el sumo sacerdote preguntó a Jesús sobre sus enseñanzas, y Jesús dijo: «... Yo públicamente he hablado al mundo; siempre he enseñado en la sinagoga y en el templo, donde se reúnen todos los judíos, y nada he hablado en oculto. ¿Por qué me preguntas a mí?» (vv. 20-21). Uno de los alguaciles que estaba allí le dio una bofetada y le dijo: «... ¿Así respondes al sumo sacerdote?» (v. 22). Jesús no volvió su otra mejilla; él reprendió a su asaltante con las palabras:

«... Si he hablado mal, testifica en qué está el mal; y si bien, ¿por qué me golpeas?» (v. 23).

Por tanto, debemos ver más allá de la letra de sus enseñanzas para descubrir el significado de ellas. Es más, hacemos la reflexión de que se podría cumplir al pie de la letra esta doctrina y no cumplir el sentido verdadero de la enseñanza del Señor. Usted habrá oído del pacifista que creía en la no resistencia física. Un día paseaba con un amigo por una calle cuando el pacifista entró en discusión con una tercera persona. La discusión se convirtió en una pelea. Su oponente le pegó en la cara, y el pacifista literalmente volvió la otra mejilla y recibió otro golpe en ella. Entonces se volvió y abandonó el lugar. Su amigo le dijo: «No entiendo cómo puedes ejercer un control sobre ti mismo tan magnífico como para dejarte pegar dos veces. ¿Cómo lo haces?». El pacifista le dijo: «Le volví la otra mejilla, pero tú no viste cómo estaba rabiando por dentro». Lo que él realmente quería era devolver golpe por golpe, pero no entendía el tipo de justicia que profesaba.

Ahora bien, no vayamos a tener un concepto erróneo. Hay muchas situaciones en las cuales uno cumpliría al pie de la letra estas enseñanzas. Es muy posible que el contexto del pasaje se halle en el dicho anterior de nuestro Señor: «Bienaventurados los que padecen persecución *por causa de la justicia...*» (Mt 5:10). Vendrán tiempos cuando los perseguirán por ser seguidores del Señor Jesús (y note que en Mateo 5:10-11, el énfasis primordial está sobre la persecución por obra de palabras, no por violencia física). Encontrarán oposición; y a veces daños corporales les sobrevendrán por ser discípulos de Jesucristo. Esto no ocurre a menudo en los llamados países cristianos; pero, en otras partes, los cristianos todavía sufren persecución física. Cuando un seguidor de Jesús encara persecución por el hecho de ser discípulo de Jesús, jamás devolverá golpe por golpe. Un misionero amigo escribió que recientemente le habían hecho un costoso trabajo de un puente dental. Un día, mientras estaba distribuyendo literatura cristiana, se encontró frente a una multitud enardecida que amenazó con herirlo. Lo primero que pensó fue: «¿No debo defender mi costoso puente dental?». No se preocupó por repeler la agresión, sino por su inversión financiera. Sin embargo, concluyó: «No, lo dejaré en manos del Señor», y eligió la actitud de no hacer resistencia. Dicho sea de paso, no perdió el puente dental.

Sin duda habrá momentos como este cuando uno cumpla al pie de la letra la ley del amor. No obstante, ese no es el único elemento ni el más importante de este pasaje; porque la justicia de la cual nuestro Señor estaba hablando es la del corazón. La justicia del reino de Dios exige una actitud del corazón que no esté motivada por preocupaciones egoístas y que no reclame ni aun los derechos propios legítimos. Nuestro Señor busca que seamos librados de todo espíritu de venganza personal. Cuando alguien te hace daño, o habla mal de ti, o te ofende, ¿cuál es tu reacción? La reacción de un hombre corriente, la reacción de un hombre moral, aun la de un religioso, es vengarse y ajustar las cuentas. Esta no es la justicia del reino de Dios. La justicia de Dios se manifiesta en una actitud del corazón que está motivada por el amor hacia quien nos ha causado daño y está libre de toda motivación de venganza personal.

La justicia de Dios se manifiesta en una actitud del corazón que está motivada por el amor hacia quien nos ha causado daño y está libre de toda motivación de venganza personal.

Las ilustraciones de nuestro Señor dan ejemplos radicales de expresiones de amor. Este amor se extiende incluso a nuestros enemigos. «Oísteis que fue dicho: Amarás a tu prójimo, y aborrecerás a tu enemigo. Pero yo os digo: Amad a vuestros enemigos…» (vv. 43-44). Sí, amen a sus enemigos; no solamente a sus amigos, o a los vecinos amables, o a los que son neutrales para con ustedes; sino también amen a quienes les hagan daño. Amen a los que deliberadamente les hagan daño. Esta es la prueba suprema del carácter cristiano. He visto situaciones en que personas de la iglesia de Dios no ponen en práctica este principio entre ellas mismas. He presenciado odios, rencores, animosidades, hostilidades y enemistades entre ellas. Todo esto son negaciones del verdadero carácter cristiano. Jesús dijo esencialmente: tu actitud, tus acciones siempre deben ser motivadas por el amor. Ser totalmente libre de todo espíritu de venganza y de autovindicación; devolver amor por odio, pagar bien por mal; esta es la justicia del reino de Dios.

Este amor no es primordialmente un sentimiento o una emoción; es una preocupación hecha obras. El amor busca el mayor bienestar de los objetos de su afecto. La descripción clásica del amor cristiano está en 1 Corintios 13; y cuando Pablo describía qué *es* amor, nos dijo cómo *obra* el amor. «El amor es sufrido, es benigno». El amor es la buena voluntad puesta en acción. El amor es el interés expresado en el prójimo. Sabemos de otras enseñanzas de la Palabra de Dios que el amor puede a veces castigar y disciplinar. «Porque el Señor al que ama, disciplina…» (He 12:6). El amor no implica el abandono de la justicia y lo correcto ni es una benevolencia sentimental que carece de la capacidad de una ira santa. Nuestro problema humano en esto proviene de la dificultad, diremos la imposibilidad, de desligar de la ira santa los elementos de resentimiento personal y de venganza egoísta.

Las enseñanzas de nuestro Señor tienen que ver con la fuente de nuestra reacción y carácter. El amor busca el mayor bienestar hasta para los enemigos. Puede devolver un insulto con una bendición. Puede premiar un daño con un bien. Puede responder a la violencia con cortesía. Puede actuar de esta manera porque no está motivado por el espíritu de venganza, sino por el interés en el prójimo. Esta es la justicia del reino de Dios.

Una manifestación suprema de esta ley de amor se encuentra en el perdón. Jesús nos enseñó a orar: «Y perdónanos nuestras deudas, como también nosotros perdonamos a nuestros deudores» (Mt 6:12). Puedes en verdad perdonar a una persona solo cuando actúas por amor. Si no consideras con amor a esa persona, realmente no la perdonas, aunque profeses que sí.

Alguien podría decir: «Esta petición no es una oración cristiana. En realidad está hablando de una transacción con Dios. Le pedimos que nos perdone en la medida y en el grado en que nosotros perdonamos a otros. Esto refleja una justicia legal, no la justicia de la gracia que es por la fe. Los cristianos oran: "Perdónanos sin reservas por el amor de Cristo"».

Examinemos esto con cuidado. Si la justicia del reino de Dios es una de obras humanas, entonces tenemos que admitir de inmediato que la oración no tiene aplicación alguna para nadie en particular. La naturaleza humana no perdona en esa forma. No importa en cual dispensación se busque, no puede encontrar naturalezas humanas no regeneradas que produzcan la conducta que el Sermón del monte exige. Si este versículo está basado en fundamentos legalistas, entonces cualquiera que intente vivir por él está condenado. Necesitamos el perdón *perfecto* de Dios; y no será la naturaleza humana la que perdone de esta manera.

La Palabra de Dios tiene una manera de explicarse por sí misma. En Mateo 18, nuestro Señor explica lo que significa perdonar. Pedro tenía problemas con las enseñanzas de Jesús sobre el perdón. ¿Cómo podía una persona perdonar de forma tan completa? Finalmente, vino al Señor y le preguntó: «... Señor, ¿cuántas veces perdonaré a mi hermano que peque contra mí? ¿Hasta siete?» (Mt 18:21). Bueno, el número siete no es enorme, ¿o sí? Sin embargo, consideremos esta situación. Si alguien nos ofende de la misma manera siete veces seguidas,

¿podemos sinceramente perdonarle un mismo insulto siete veces? Esta no es una ofensa trivial.

Aun así, escucha lo que dice Jesús: «... No te digo hasta siete, sino aun hasta setenta veces siete» (v. 22). ¿Setenta veces siete? ¿Cuántas veces es esto? Cuatrocientas noventa veces. Supongamos que alguien lo describe con una palabra grosera cuatrocientas noventa veces seguidas. Supongamos que todos los días, a las 9:30 a. m., un asociado de negocios de usted que le tiene rencor viene a su oficina, se para delante de su escritorio y lo insulta; y hace esto cuatrocientas noventa veces. Eso equivale a dos años de días laborales. ¿Podría perdonarlo? ¿Desearía perdonarlo? Solo un corazón lleno de la gracia de Dios podría perdonar esto.

Jesús ilustró con una parábola la naturaleza del perdón que el reino de Dios exige. «Por lo cual el reino de los cielos es semejante a un rey que quiso hacer cuentas con sus siervos. Y comenzando a hacer cuentas, le fue presentado uno que le debía diez mil talentos» (Mt 18:23-24). En términos modernos, eso hubiera sido alrededor de 360 millones de dólares. Aquí tenemos a un hombre en una situación desesperada. La carga de su deuda era tan grande que no tenía esperanzas de arreglar jamás sus asuntos y pagar su deuda. Estaba en quiebra. «A este, como no pudo pagar, ordenó su señor venderle, y a su mujer e hijos, y todo lo que tenía, para que se le pagase la deuda» (v. 25). Este era el método antiguo de tratar con los deudores. La bancarrota significaba no solamente la liquidación de todos los activos del negocio, sino que incluía la liquidación de todos los recursos y las propiedades y, además de esto, la esposa, sus hijos y el deudor mismo eran vendidos como esclavos hasta que toda la deuda posible pudiera ser pagada al acreedor a cuenta de la deuda.

«Entonces aquel siervo, postrado, le suplicaba, diciendo: Señor, ten paciencia conmigo, y yo te lo pagaré todo» (v. 26). El deudor pidió misericordia y perdón, y aunque sabía que no podría jamás pagar la deuda, prometió pagarla. Luego: «El señor de aquel siervo, movido a misericordia, le soltó y le perdonó la deuda» de 360 millones de dólares. ¡Cuán asombrosa bondad!

«Pero saliendo aquel siervo, halló a uno de sus consiervos, que le debía cien *denarios…*» (v. 28). Cien *denarios* equivalen hoy en día a unos 200 dólares. Aunque esta era un suma sustancial en aquella época, era una cantidad que una persona podría pagar en cierto tiempo. La cantidad de 360 millones de dólares en deudas frente a 200 dólares de crédito. Se le acababa de perdonar los 360 millones de dólares de la deuda y luego se encontró con un consiervo que le debía solamente 200 dólares. La parábola continúa así: «… y asiendo de él, le ahogaba, diciendo: Págame lo que me debes. Entonces su consiervo, postrándose a sus pies, le rogaba diciendo: Ten paciencia conmigo, y yo te lo pagaré todo. Mas él no quiso, sino fue y le echó en la cárcel, hasta que pagase la deuda» (vv. 28-30).

La noticia del espíritu implacable del siervo perdonado llegó a oídos del señor. «Entonces, llamándole su señor, le dijo: Siervo malvado, toda aquella deuda te perdoné, porque me rogaste. ¿No debías tú también tener misericordia de tu consiervo, como yo tuve misericordia de ti? Entonces su señor, enojado, le entregó a los verdugos, hasta que pagase todo lo que le debía» (vv. 32-34). Luego nuestro Señor agrega esta declaración solemne: «Así también mi Padre celestial hará con vosotros si no perdonáis de todo corazón cada uno a su hermano sus ofensas» (v. 35).

En efecto, oramos: «Y perdónanos nuestras deudas, como también nosotros perdonamos a nuestros deudores». Notemos algo en esta parábola del perdón: el perdón de Dios precede y condiciona el perdón que debo otorgar a mi semejante. El objetivo de la parábola descansa en este hecho. El perdón humano está basado y motivado por el perdón divino. Mi deseo de perdonar es la medida de la realidad de mi profesión de haber sido yo perdonado. Si digo que el Señor me ha perdonado la deuda de 360 millones de dólares que le debía en pecados, y con todo no puedo perdonar una suma de apenas 200 dólares por una ofensa relativamente trivial contra mí, me estoy burlando de mi profesión de cristiano. No existe verdad en este tipo de religión que se contradice a sí misma. Sí, *debemos* orar: «Perdónanos, así como nosotros perdonamos».

Esta es la ley del amor, este es el evangelio del reino. La justicia del reino es tal, que solo Dios mismo puede darla. La perfecta pureza, la honestidad perfecta, el amor perfecto, el perdón perfecto: ¿qué persona existe en alguna parte, o en cualquier dispensación, que pueda vivir este tipo de vida? Si la justicia del reino es un modelo que debo alcanzar con mi propia habilidad, entonces estoy condenado *para siempre* y he sido dejado fuera del reino de Dios. Nadie, sea judío o gentil, puede alcanzar por mérito humano los niveles del Sermón del monte. La justicia que el reino de Dios demanda, el reino de Dios debe darla. Deberá ser por gracia, o estoy perdido. La ilustración del perdón dada por nuestro Señor señala que este es el orden divino. Puedo perdonar verdaderamente solo en la medida que conozco el perdón de Dios. Puedo manifestar la vida del reino solo conforme la haya experimentado. No obstante, como hemos descubierto en nuestros estudios anteriores, el reino de Dios ha entrado en el presente siglo malo y podemos experimentar su vida, su justicia.

La ilustración del perdón dada por nuestro Señor señala que este es el orden divino. Puedo perdonar verdaderamente solo en la medida que conozco el perdón de Dios.

La justicia del Sermón del monte es la justicia del hombre que ha experimentado el reino de Dios en su vida. Este es el patrón conforme al cual los discípulos del Señor Jesús deben vivir. Se logrará en la medida en que se haya experimentado el soberano dominio de Dios en uno mismo. El discípulo debe buscar una experiencia que esté totalmente bajo la dirección divina. El comienzo de esa experiencia se encuentra en el nuevo nacimiento. Jesús dijo a Nicodemo: «De cierto, de cierto te digo, que el que no naciere de nuevo, no puede ver el reino de Dios» (Jn 3:3). Cuando uno se somete al reino de Dios, ocurre el milagro del nuevo nacimiento en su corazón. El Espíritu Santo crea en él una nueva vida. Como una nueva criatura, el servidor del reino de Dios experimentará en una medida real y evidente la justicia del reino de Dios en este siglo malo. Esto no se declara, pero se presume del Sermón del monte. La justicia del reino es una manifestación de la vida del reino. Así como la plenitud de vida que pertenece al siglo venidero se ha convertido en una bendición del presente, también la justicia del reino, que corresponde al siglo venidero, ha sido impartida a los hijos del reino a través de Cristo y del Espíritu Santo.

— 7 —

LA DEMANDA DEL REINO

El reino de Dios ofrece al ser humano bendiciones divinas, las bendiciones del siglo venidero. El estudio hasta ahora ha sido dedicado a una exposición de estas bendiciones. Nuestro Señor comenzó su ministerio con el siguiente anuncio: «El reino de Dios se ha acercado; arrepentíos, y creed en el evangelio». Hemos determinado que el reino de Dios es su gobierno redentor. Este es la conquista de Dios hecha a través de la persona de Cristo sobre sus enemigos: el pecado, Satanás y la muerte. El reino de Dios se manifiesta en varios grandes hechos. En la segunda venida de Cristo, su reino será presentado en gloria y poder. Sin embargo, este glorioso reino de Dios, que se manifestará en la venida de Cristo, ya ha entrado en la historia, aunque sin señales externas de gloria. El futuro ha invadido el presente. El reino de Dios, que todavía ha de venir en poder y gloria, ya ha venido en forma secreta y oculta para obrar entre los seres humanos y dentro de ellos. El poder del reino de Dios, que en el siglo venidero arrollará el pecado y su influencia entre los seres humanos, obra en el presente siglo malo para liberarlos del poder del pecado, de la servidumbre a Satanás y de su esclavitud y temor a la muerte. La vida del reino de Dios, que alcanzará su plenitud cuando Cristo venga, cuando nuestros cuerpos sean redimidos, aquella vida del futuro reino ha entrado en el presente, de modo que el hombre puede ahora nacer de nuevo y entrar en el reino de Dios, en la esfera de su reino, el dominio de sus bendiciones. El Espíritu Santo, que un día nos transformará completamente para llegar a ser como el Señor Jesucristo en su cuerpo glorificado, ha venido a nosotros antes de la llegada de la nueva era para habitar en nuestros corazones, para darnos la vida del reino aquí y ahora, para que podamos disfrutar de comunión con Dios. El mañana está aquí hoy. El futuro ya ha comenzado. Hemos probado la vida, los poderes, las bendiciones del siglo venidero.

Ahora nos queda la pregunta siguiente: ¿cómo entra uno en esa experiencia? ¿Qué nos exige el reino de Dios? ¿Cómo recibe uno esta vida? ¿Cómo se obtiene la justicia del reino de Dios? ¿Cómo se logra que el Espíritu de Dios habite dentro de nosotros para impartirnos la vida de la edad futura?

La Palabra de Dios viene a nosotros con una respuesta sencilla. Ciertamente su sencillez ofrece una profunda dificultad. Aunque es simple, penetra hasta lo más profundo de nuestro ser. Pablo escribió a los romanos: «... si confesares con tu boca que Jesús es el Señor, y creyeres en tu corazón que Dios le levantó de los muertos, serás salvo» (Ro 10:9). Al carcelero de Filipos, Pablo le dijo: «... Cree en el Señor Jesucristo, y serás salvo...» (Hch 16:31). El cuarto Evangelio reitera constantemente el propósito del libro, diciendo: «Pero estas se han escrito para que creáis que Jesús es el Cristo, el Hijo de Dios, y para que creyendo, tengáis vida en su nombre» (Jn 20:31).

¿Es que al reino de los cielos se entra solo por tomar el nombre de Jesús y hacer una confesión verbal? ¿Se recibirá la bendición de la vida mediante la fe en la resurrección y en la deidad de Cristo? ¿Puede salvarme el credo? ¿Puede la pronunciación de tres palabras: «Jesús es Señor», otorgarme la vida? ¿Qué significa confesar a Jesús como Señor y creer en él? La respuesta puede encontrarse en la demanda del reino de Dios. El reino hace una demanda fundamental: tomar una decisión. En Cristo, el reino nos confronta. La vida del siglo venidero se yergue frente a nosotros. Aquel que mañana será el juez de todos los hombres ya ha entrado en la historia. Nos encara con una demanda: decidir. Bultmann tiene razón cuando dice que Jesús proclamó la cercanía de Dios como el que demanda. El mensaje de Jesús fue: «Arrepentíos, porque el reino de los cielos está cerca». El significado básico de «arrepentimiento» es darse media vuelta, invertir el curso de vida, cambiar totalmente la dirección de las acciones, volverse y abrazar con decisión el reino de Dios.

¿Es que al reino de los cielos se entra solo por tomar el nombre de Jesús y hacer una confesión verbal?

La vida está hecha de decisiones. El curso de la vida de cada persona está determinado por sus decisiones. Uno podría decir que la diferencia entre el éxito de dos personas que tengan talentos iguales está determinada por la forma en que tomen decisiones. La idoneidad de las decisiones de una persona, la inteligencia con que hayan sido hechas y la habilidad de descansar en ellas, una vez que se hayan hecho, para seguir y dar el paso siguiente, a menudo decidirá la medida del éxito o del fracaso. Algunas personas se pasan la vida vacilando, tambaleándose e inseguras de sí mismas, y jamás pueden decir «sí» o «no» en forma clara. Estas son personas que nunca hacen nada de valor para ellos o para sus semejantes, sino que disipan la vida y sus energías en conflictos interiores e indecisiones.

La esencia del arrepentimiento es una decisión que determina la calidad del presente y el destino futuro.

Cuando Jesús estaba a punto de salir de Galilea por última vez, envió setenta discípulos a predicar el evangelio del reino por toda la región. El mandamiento que dio a sus embajadores fue este: «... sanad a los enfermos que en ella haya, y decidles: Se ha acercado a vosotros el reino de Dios» (Lc 10:9). El reino de Dios llegó a esas aldeas en las personas de los emisarios de nuestro Señor. Estos predicadores parecían gente ordinaria, pescadores galileos; sin embargo, eran portadores del reino de Dios. ¿Cómo reaccionarían los residentes de estas ciudades? Ellos podían dar la bienvenida a los emisarios de Cristo y así recibir el reino de Dios; o, si así elegían, podían rechazarlo. No obstante, tal rechazo sería algo terrible. «Mas en cualquier ciudad donde entréis, y no os reciban, saliendo por sus calles, decid: Aun el polvo de vuestra ciudad, que se ha pegado a nuestros pies, lo sacudimos contra vosotros. Pero esto sabed, que el reino de Dios se ha acercado a vosotros. Y os digo que en aquel día será más tolerable el castigo para Sodoma, que para aquella ciudad» porque ha rechazado el reino de Dios (vv. 10-12).

La esencia del arrepentimiento es una decisión que determina la calidad del presente y el destino futuro.

La demanda básica del reino es una respuesta de la voluntad del hombre. Cada persona debe recibirlo y rendirse a él. El reino de Dios no nos pide encontrar en nosotros mismos la justicia que demanda; Dios nos dará la justicia de su reino. El reino de Dios no nos pide crear la vida que demanda; este nos dará esa vida. El reino de Dios no establece un modelo de vida y dice: «Cuando logres este patrón de justicia, puedes entrar en el reino». El reino de Dios hace una exigencia: ¡Arrepiéntete! ¡Vuélvete! ¡Decídete! Recibe el reino y, cuando lo recibas, recibirás su vida, sus bendiciones, el destino reservado a quienes lo abracen.

Conforme estudiamos esta demanda de decisión en las enseñanzas de nuestro Señor, encontramos que no puede tomarse ligeramente. Jesús requirió de los hombres una decisión *firme*. Esto se declara en Lucas 9:57: «Yendo ellos, uno le dijo en el camino: Señor, te seguiré adondequiera que vayas». Este hombre parecía realmente listo para hacer la decisión de seguir a Cristo. Como respuesta, Jesús le dijo: «... Las zorras tienen guaridas, y las aves de los cielos nidos; mas el Hijo del Hombre no tiene dónde recostar la cabeza» (v. 58). Jesús desafió la seriedad de esta decisión. ¿Sabes lo que tu decisión implica? ¿Deseas convertirte en discípulo de uno que carece de hogar, que no tiene posición ni prestigio? ¿Lo has pensado bien? ¿Has tomado en consideración sus implicaciones? Jesús demandó una decisión firme, una decisión inteligente, no una decisión hecha a la ligera.

Luego Jesús le dijo a otro: «Sígueme». Sin embargo, este dijo: «... Señor, déjame que primero vaya y entierre a mi padre» (Lc 9:59). Este hombre profesaba estar listo para tomar su decisión, pero tenía que hacer algo antes. «Sí, deseo seguirte, pero espera un poco. Hay algo que tiene preferencia. Déjame ocuparme de esto y luego te seguiré. Tengo buenas intenciones, pero dame tiempo». Sin embargo, Jesús respondió con palabras que parecen ser duras si no se toma en cuenta el contexto. Esencialmente dijo: «Deja que los muertos en espíritu entierren a los muertos en el cuerpo». Vamos a interpretar el versículo. La cita textual de Lucas 9:60 dice: «... Deja que los muertos entierren a sus muertos; y tú ve, y anuncia el reino de Dios». El reino de Dios exige una decisión inmediata, urgente. Cuando te llega el llamado, no puedes tratarlo a la ligera. Podrías pensar al inicio: *Primero, debo vivir mi vida. Antes, tengo una carrera que ejercer. Tengo planes importantes para mi futuro que debo realizar primero. Tengo obligaciones que primero debo cumplir.* ¡No! Jesús dijo que debe haber una decisión inmediata, firme y absoluta.

Luego, otro le dijo: «... Te seguiré, Señor...». Sí, reconozco que debo abrazar el reino de Dios, que debería convertirme en tu discípulo; «... pero déjame que me despida primero de los que están en mi casa» (Lc 9:61). Superficialmente, esta era una petición razonable. Si un hombre debe dejar su hogar para dedicar su vida al discipulado de Jesús, es propio y conveniente despedirse de su familia. No obstante, debemos interpretar este pasaje en su contexto. Jesús le dijo: «... Ninguno que poniendo su mano en el arado mira hacia atrás, es apto para el reino de Dios» (v. 62). Este hombre profesaba querer tomar una decisión, pero era vacilante. Jesús dice: no hay lugar para la vacilación. Si respondes al llamado del reino de Dios y a sus demandas sobre tu vida, no debes vacilar ni mirar hacia atrás. Uno no puede tratar de conservar lo que ha dejado atrás. Uno no puede aferrarse al pasado. No deberá haber incertidumbre en cuanto a si uno está preparado para emprender toda la carrera. «Ninguno que poniendo su mano en el arado mira hacia atrás, es apto para el reino de Dios». El reino de Dios demanda una decisión definitiva, irrevocable, clara.

Si respondes al llamado del reino de Dios y a sus demandas sobre tu vida, no debes vacilar ni mirar hacia atrás.

Además, el reino demanda una decisión *radical.* Algunas decisiones se toman con facilidad y requieren poco esfuerzo; pero la decisión para el reino de Dios es con frecuencia difícil y requiere gran fuerza de voluntad. Jesús dijo: «Desde los días de Juan el Bautista hasta ahora, el reino de los cielos sufre violencia, y los violentos lo arrebatan» (Mt 11:12). Este aserto ha sido objeto de diversas interpretaciones, pero debemos seguir lo que entendió Lucas de él. «La ley y los profetas eran hasta Juan; desde entonces el reino de Dios es anunciado, y todos se esfuerzan por entrar en él» (Lc 16:16). El reino de Dios demanda una repuesta tan radical que pueda describirse con términos como fuerza y violencia.

¿Cómo entenderemos estas palabras? ¿Qué tiene que ver la violencia con recibir el reino de Dios? Nuestro Señor ilustró esta exigencia más de una vez. «Y si tu ojo te fuere ocasión de caer, sácalo; mejor te es entrar en el reino de Dios con un ojo, que teniendo dos ojos ser echado al infierno» (Mr 9:47; ver también los versículos 43-46). Esto es ciertamente violencia: sacarse un ojo, cortarse una mano o un pie, para poder entrar en el reino de Dios.

«No penséis que he venido para traer paz a la tierra; no he venido para traer paz, sino espada» (Mt 10:34). Una espada es un instrumento de violencia. Algunas veces la decisión para el reino será una espada que corta otras relaciones y produce dolor y sufrimiento. Ciertamente, pues: «Si alguno viene a mí, y no aborrece a su padre, y madre, y mujer [...] no puede ser mi discípulo» (Lc 14:26). Aborrecer: esta es una palabra de violencia.

«Esforzaos a entrar por la puerta angosta...» (Lc 13:24). La palabra griega usada aquí es un vocablo fuerte del cual se deriva la palabra «agonizar» y que significa «esforzar cada nervio». Es una voz de uso común para describir los conflictos físicos en los juegos atléticos. Aquí nuevamente se habla de violencia, de lucha, de esfuerzo intenso.

Todo este lenguaje metafórico describe la naturaleza radical de la decisión que el reino de Dios exige. El hombre moderno es comúnmente muy despreocupado en materia de religión. A menudo tomará medidas radicales para beneficio de su salud, éxito y poder, pero no le gusta sentirse profundamente conmovido en lo que tenga que ver con su alma. Jesús afirma que tal persona no puede conocer la vida del reino. Este exige una respuesta, una decisión radical, una recepción entusiasta. El nominalismo es la maldición del cristiano occidental moderno. Los discípulos de Jesús tienen que ser radicales en su entusiasmo absoluto por la vida del reino de Dios.

La decisión que el reino de Dios demanda es también *costosa*. Un joven rico e influyente vino a Jesús para preguntarle: «... Maestro bueno, ¿qué bien haré para tener la vida eterna?» (Mt 19:16). Son pocos los que en sus momentos de sobriedad no se hayan hecho esta pregunta. Hay hambre por la vida espiritual en el corazón humano. Esta vida, como lo demuestra el versículo 23, es la vida del reino de Dios. Esta es la cuestión de la salvación (v. 25). Este joven estaba expresando el profundo deseo que todo ser humano siente: el de encontrar la vida, la vida eterna, en esferas más allá de la existencia terrenal que está rodeada de pecado y de muerte.

Después de asegurarse de su sinceridad, Jesús lo enfrentó con el asunto fundamental: la decisión. Así que le dijo: «... ven y sígueme» (v. 21). Ahí está el asunto. ¡Haz un cambio! Abandona tu vida antigua. Recibe el reino. ¡Sígueme!

En este caso, la decisión no era asunto sencillo o fácil, porque implicaba un costo elevado. Jesús le dijo algo a este joven que la Escritura no registra que le haya dicho a otra persona jamás. El Señor miró en el corazón del joven y vio el impedimento a tomar la decisión. El joven era rico, y Jesús percibía que estaba ligado a su riqueza. Por eso le dijo básicamente: «Tu decisión por el reino de Dios tiene que ser absoluta. Tus riquezas se interponen en tu camino. Por tanto, ve y vende todo lo que tienes y entonces estarás libre para seguirme».

Debe quedar claro que la liquidación de las riquezas en sí no convertía al joven en discípulo de Jesús. El discipulado, la decisión, estaba comprendido en la orden: «Sígueme». Este hombre pudo haberse hecho pobre y aun así quedar fuera del reino de Dios de no haber seguido a Jesús. Disponer de sus riquezas no era en sí mismo parte del discipulado; pero en este caso era el preludio necesario para el discipulado. Jesús ordenó remover la barrera. Cualquier cosa, sea riqueza, una carrera, o la familia, que se interponga en el camino de la salvación o de la decisión debe ponerse a un lado frente a las demandas del reino de Dios.

Jesús no estableció una orden universal de pobreza al ser humano. Su preocupación contra la acumulación de riquezas en la tierra, lo cual se expresa en el Sermón del monte (Mt 6:19), no busca hacer que toda persona sea pobre, sino que procura librarlos de la falsa seguridad que dan las riquezas. El hombre cree que mediante la acumulación de riqueza quedará libre de ansiedades. Jesús dijo que en esto solo agregan otras ansiedades que están incluidas en el temor de perder las riquezas. La pobreza en sí misma no es una virtud. La demanda de Jesús es que se tome una decisión, que halla sumisión a Dios y a su reino. La riqueza es mala cuando se interpone en el camino de esa decisión. Así que Jesús dijo esencialmente: «Joven, tienes una en frente. Amas tus riquezas y todas las comodidades y cosas buenas que te producen. Estas demandan

La pobreza en sí misma no es una virtud. La demanda de Jesús es que se tome una decisión, que halla sumisión a Dios y a su reino. La riqueza es mala cuando se interpone en el camino de esa decisión.

tu afecto, y ese afecto debe dar paso a una lealtad más elevada: la del reino de Dios».

Esto sigue siendo verdadero. La demanda del reino de Dios todavía es una decisión costosa. Si la riqueza, la posición social, la influencia, o la ambición personal tienen el dominio de la lealtad de una persona, de modo que su vida está dirigida al logro de fines personales, sean estos materiales o sociales y no la gloria de Dios, entonces su vida debe adquirir un nuevo centro de orientación. Todo otro interés deberá hacerse secundario y deberá someterse al dominio de Dios. El asunto se relaciona fundamentalmente a la voluntad del hombre y a los objetivos que elija servir.

He conocido jóvenes que parecían ser cristianos muy prometedores, pero fueron poseídos por el impulso de las ambiciones personales. Se produjo una lucha entre los llamados de Dios y la ambición, y ellos tomaron una decisión. Cuando esa decisión favoreció mejoras egoístas en lugar de elegir el reino de Dios, el amor por las cosas del reino se secó.

La debida actitud de un discípulo de Jesús respecto a las bendiciones materiales está hermosamente ilustrada por el apóstol Pablo, quien había sido «... librado de la potestad de las tinieblas, y trasladado al reino de su amado Hijo» (Col 1:13). Pablo estaba viviendo para el reino de Dios, que no es «... comida ni bebida, sino justicia, paz y gozo en el Espíritu Santo» (Ro 14:17). Debido a que Pablo había experimentado la vida del reino de Dios, había adquirido un nuevo concepto del lugar e importancia de las posesiones. «No lo digo porque tenga escasez, pues he aprendido a contentarme, cualquiera que sea mi situación. Sé vivir humildemente, y sé tener abundancia; en todo y por todo estoy enseñado, así para estar saciado como para tener hambre, así para tener abundancia como para padecer necesidad. Todo lo puedo en Cristo que me fortalece» (Fil 4:11-13). Pablo había sido iniciado en el secreto del contentamiento, porque su felicidad y su seguridad no dependían de elementos externos. Si sufría necesidad, no creía que Dios lo había abandonado. Si experimentaba abundancia, no se aferraba tanto a esa abundancia de modo que su felicidad dependiera de ella. Su seguridad estaba en el «que me fortalece», en el Señor.

Esta experiencia es esencial para cada persona que conozca las bendiciones del reino de Dios. Para el joven rico, la vida no consistía de «justicia, paz y gozo»; no sabía nada del reino de Dios. La vida consistía para él en comida y bebida, en cosas que sus riquezas podían comprar. Su primer amor era su riqueza y todo lo que esta representaba. Con todo, no estaba satisfecho; no conocía el contentamiento. Esta hambre insatisfecha lo trajo a Jesús con la pregunta sobre la vida eterna. De todos modos, cuando encaró la alternativa, hizo la elección errónea. No deseaba liberarse de la dependencia de su riqueza y de sus recursos materiales.

Puede que Dios no siempre exija que un hombre abandone su riqueza, pero sí exige que abandone el *amor* a las posesiones. Dios exige una decisión de la voluntad que comprenda un deseo real de abandonar la riqueza si él así lo instruye. Es un asunto de afecto. Un hijo del reino de Dios recibirá las cosas buenas del ámbito físico como regalos de un padre amante (Mt 6:26-30) y se sentirá agradecido de recibirlos. No obstante, su amor, su dependencia y su seguridad están en el Dador y en el reino de Dios, no en los regalos. Buscará primeramente el reino de Dios y confiará en que el Señor proveerá lo necesario para su vida diaria (Mt 6:33-34). El joven rico no se atrevió a confiar en Dios; tan solo

Puede que Dios no siempre exija que un hombre abandone su riqueza, pero sí exige que abandone el *amor* a las posesiones.

confió en su riqueza. Por tanto, para él era necesario liberarse de la seguridad falsa antes de poder entregarse a Dios y a su reino. Tenía que decidir, porque el reino demanda decisión, una decisión costosa.

A veces esta decisión puede costar el afecto de los seres queridos. Esto es evidente en las enseñanzas que Jesús dio a sus discípulos cuando los preparaba para el ministerio. Ellos debían anunciar que el reino de Dios se había acercado al hacer su proclamación (Mt 10:7). A su audiencia se le planteó una demanda: recibir a los emisarios del reino y así recibir el mensaje del reino, en efecto, al Rey mismo. «El que a vosotros recibe, a mí me recibe; y el que me recibe a mí, recibe al que me envió» (Mt 10:40). En algunos casos, esta sería una decisión costosa, pues causaría la ruptura de los vínculos normales de familia. «No penséis que he venido para traer paz a la tierra; no he venido para traer paz, sino espada. Porque he venido para poner en disensión al hombre contra su padre, a la hija contra su madre, y a la nuera contra su suegra; y los enemigos del hombre serán los de su casa. El que ama a padre o madre más que a mí, no es digno de mí; el que ama a hijo o hija más que a mí, no es digno de mí» (Mt 10:34-37).

¿Quiere esto decir que cuando uno se convierte en cristiano, los afectos humanos no tienen más lugar en su vida? Cuando uno sigue a Cristo, ¿debe romper todos los vínculos familiares? Con toda seguridad eso no es necesario. En efecto, lo contrario es lo cierto. Cuando un hombre y una mujer han compartido afectos, que a su vez hayan sido santificados por

Cuando un hombre y una mujer han compartido afectos, que a su vez hayan sido santificados por un mutuo amor a Dios y a su reino, son las personas más felices del mundo.

un mutuo amor a Dios y a su reino, son las personas más felices del mundo.

Sin embargo, hay una dura verdad en esto. Cuando una relación humana se interpone en el camino de las exigencias del reino de Dios, no puede haber más que una elección. Si el llamado del reino se ha presentado ante ti, pero tu padre, o tu madre, aun si tu esposo o esposa te dice: «No, no lo permitiré; no puedes seguir a Cristo y tener mi afecto», entonces solo hay una decisión que tomar: elegir a Dios y su reino. Aun cuando los afectos humanos y los vínculos familiares se rompan, el llamado del reino de Dios tiene prioridad.

Agradecemos a Dios que en nuestra cultura y su herencia cristiana no somos frecuentemente llamados a pagar ese precio. Afortunado es el hijo que tiene padres cristianos que oran por su salvación desde su nacimiento, aun desde antes de nacer. Bendito el hombre, bendita la mujer, que tiene una esposa o esposo con quien compartir una fe profunda en el Señor, que pueden orar juntos y que tienen el mismo amor por las cosas de Dios. Desafortunadamente, esto no es siempre así. A veces, surgen crisis. Una decisión debe hacerse: por Dios, o por la familia. En tales momentos de decisión, dice Jesús que la elección debe ser costosa.

Además, el reino de Dios puede costarle a una persona su propia vida. En Mateo 10:38, Jesús dice: «Y el que no toma su cruz y sigue en pos de mí, no es digno de mí». Este es el costo esencial de la decisión.

¿Qué quiere decir que uno tome su cruz? La gente habla con frecuencia de lo difícil que es llevar la cruz. Dicen: «¡Qué cruz tengo que llevar! Llevo una carga física, sufro de jaqueca o de úlceras; tengo artritis o reumatismo ¡Qué cruz es el quebranto físico y el dolor que llevo conmigo!».

Otros hablan de la cruz que deben llevar por los problemas que enfrentan. Dicen: «Mi esposo es irascible. ¡Qué cruz tengo que llevar acomodándome a su temperamento!». Otros dicen: «Mi cruz es la necesidad que tengo de trabajar en un ambiente que no es cristiano. Escucho allí palabras profanas y cosas sucias día tras día. ¡Qué cruz tan pesada la que tengo que soportar!».

Tales experiencias no son cruces, sino cargas; y algunas cargas pueden ser abrumadoras. De modo que una cruz no es una carga; una cruz es un lugar de muerte. No se hable de llevar una cruz en ese sentido. Cuando uno toma su cruz, está listo para morir.

Cuando uno toma su cruz, está listo para morir.

En otra ocasión, Jesús dijo: «... niéguese a sí mismo...» (Lucas 9:23). ¿Niéguese a sí mismo de qué? ¿Comer dulces antes de Pascua de Resurrección? ¿Fumar tabaco durante la cuaresma? ¿Algo que desea hacer, pero que piense que no debe hacer? ¿O significa negarse a uno mismo, un sacrificio personal para promover el evangelio?

Negarme a mí mismo no quiere decir que voy a negarme *cosas*. Significa negarme *a mí mismo*, no negarme cosas. «Y decía a todos: Si alguno quiere venir en pos de mí, niéguese a sí mismo, tome su cruz...» (Lc 9:23). La abnegación es egocéntrica; pero negarse a sí mismo es cristocéntrico. Negarse a sí mismo significa muerte, nada menos. La cruz es instrumento de muerte. Obviamente, la expresión no quiere decir que todo cristiano debe sufrir la muerte física. No obstante, significa (y estamos hablando con sumo cuidado) que cada discípulo de Jesús debe estar dispuesto a morir por él. Si nos encontramos en una situación en la cual tenemos que escoger entre la muerte y la lealtad a Cristo y a su reino, deberemos estar preparados para escoger la muerte. Hay personas en este siglo malo que están pagando el precio de sus vidas y están derramando su sangre porque aman a Jesucristo y han respondido a las exigencias de su reino.

Esto es lo que significa llevar su cruz: estar dispuesto a morir con Cristo y por él. Significa completa dedicación a Cristo, aun cuando esta dedicación le cueste a uno la vida. Significa un acto de entrega que no piensa en nada que haya dejado atrás, ni aun la vida misma. Quiere decir que mi vida, mi voluntad, mis ambiciones, mis deseos, mis esperanzas, todo es dado a Cristo. Significa que me doy por muerto, de modo que Cristo pueda vivir y reinar en mí. Pablo expresa el mismo pensamiento fundamental cuando dice: «Con Cristo estoy juntamente crucificado, y ya no vivo yo, mas vive Cristo en mí...» (Gá 2:20).

Tomar la cruz es algo que ocurre en las profundidades del espíritu humano y es fundamental para nuestra relación con Cristo. Si estoy listo para morir por Cristo, entonces mi vida no es mía, sino de él. Mi vida pertenece a él juntamente con todo cuanto mi vida incluye. Llevar la cruz es cuestión de señorío, majestad, soberanía. Cristo no puede reinar en mi vida mientras no me cuente como muerto, como crucificado. Solo puede haber un gobernante en mi vida: o yo, o Cristo. Cuando tomo mi cruz y muero, Cristo puede gobernarme.

Este principio de llevar la cruz ha sido ilustrado por uno de nuestros seminaristas que estaba preparándose para el ministerio de música evangélica. Él había recibido una preparación musical en una de las escuelas de música más famosas de Estados Unidos y era un pianista consumado. Amaba la música, y cuando Dios lo llamó al ministerio del evangelio, se sintió feliz ante la posibilidad de usar sus dones musicales y su capacidad para servir al Señor. Sin embargo, en el curso de sus estudios como seminarista, Dios le habló al corazón. Supongamos que el Señor lo llamara al ministerio de la predicación, o de la enseñanza de la Palabra, en lugar de al ministerio de la música. ¿No estaba dictándole a Dios las condiciones de su ministerio? ¿Amaba él la música más que al Señor? ¿Había realmente entregado su amor a la música en aras del Señor? ¿Se había entregado *a sí mismo* al Señor? En su alma se produjo una lucha severa. ¿Quién era su Señor, Cristo o la música? Fue liberado de su crisis solo cuando entregó la música al Señor y prometió servirle en cualquier forma que él le señalara, con o sin música. En otras palabras, tuvo que crucificar su amor por la música. Ciertamente tuvo que sacrificarse *a sí mismo*, su voluntad, sus deseos, antes de alcanzar la victoria en su vida. Después de haber entregado su amor a la música en manos del Señor, él se lo devolvió, y todavía está sirviendo al Señor como misionero, usando sus dones musicales para la gloria de Dios. Sin embargo, primero tuvo que tomar una decisión radical, una que abarcaba sus más caros afectos humanos.

Finalmente, el reino demanda una decisión *eterna*. La decisión a favor o en contra del reino de Dios en el presente determina el futuro destino de cada persona. Jesús declaró: «Os digo que todo aquel que me confesare delante de los hombres, también el Hijo del Hombre le confesará delante de los ángeles de Dios...» (Lc 12:8-9). También dijo: «Porque el que se avergonzare de mí y de mis palabras en esta generación adúltera y pecadora, el Hijo del Hombre se avergonzará también de él, cuando venga en la gloria de su Padre con los santos ángeles» (Mr 8:38). Habrá un día de juicio, de separación entre los hombres. Cristo aparecerá un día como el Hijo del Hombre en gloria para traer salvación a los hijos del reino y condenación justa a los hijos de las tinieblas. El reino de Dios entonces aparecerá en poder y en gloria.

La decisión a favor o en contra del reino de Dios en el presente determina el futuro destino de cada persona.

Sin embargo, en su gracia, Dios ha enviado a su Hijo entre los hombres como anticipo de ese día. Cristo estuvo entre nosotros para confrontarnos con las bendiciones y las exigencias del reino de Dios. «Arrepentíos, pues el reino de los cielos se ha acercado». ¡Recíbelo! Podemos decidir aceptar ese reino futuro mucho antes de que venga en gloria y en juicio, porque Aquel que será el futuro juez ha aparecido entre los hombres para ofrecerles la vida y las bendiciones de ese reino aquí y ahora. El reino exige una decisión cuando confronta al ser humano; demanda una decisión eterna. El mañana se ha reunido con el presente. El siglo venidero ha penetrado en este siglo. La vida de mañana se nos ofrece a nosotros aquí y ahora. El cielo, por así decirlo, ha besado la tierra. ¿Qué tenemos que hacer? Una cosa. El reino de los cielos se ha acercado. ¡Arrepiéntanse! ¡Vuélvanse y reciban las buenas nuevas! Entréguense a su régimen. Esta es la exigencia del reino.

— 8 —

EL REINO, ISRAEL Y LA IGLESIA

El aspecto más difícil de la enseñanza bíblica del reino de Dios está en su relación con Israel y la iglesia. La dificultad está en que esta relación no está expresada en forma directa en la Escritura, sino que debe ser inducida. Como resultado de esto, los estudiosos devotos de la Biblia han llegado a interpretaciones totalmente divergentes unas de otras.

Los capítulos anteriores han expuesto la tesis de que el reino de Dios en el Nuevo Testamento es la obra redentora de Dios que trabaja en la historia para vencer a sus enemigos y traer al hombre las bendiciones del reino divino. Este enfoque nos permite interpretar de manera armoniosa la cuestión de Israel y la iglesia en el Nuevo Testamento.

No puede negarse que Jesús ofreció el reino a Israel. Cuando envió a sus discípulos en la misión de predicar, les dijo que no fueran a los gentiles, «sino id antes a las ovejas perdidas de la casa de Israel»

(Mt 10:6). Jesús reprendió a una mujer cananea con las siguientes palabras: «... No soy enviado sino a las ovejas perdidas de la casa de Israel» (Mt 15:24). Además, nuestro Señor se dirigió a los judíos como a los «hijos del reino» (Mt 8:12), aun cuando ellos estaban rechazando al Mesías y el reino de Dios. Ellos eran los hijos del reino, porque fue a Israel a quien Dios escogió y a quien prometió las bendiciones del reino. El reino era de ellos por derecho de elección, por la historia y como herencia. Así que nuestro Señor dirigió su ministerio a ellos y les ofreció lo que les había sido prometido. Cuando Israel rechazó el reino, las bendiciones que debieron haber sido para ellos se dieron a quienes las aceptaran.

Esto se ve en la secuencia de los versículos de Mateo 11. La edad de la ley y los profetas terminó con Juan el Bautista; de entonces acá el reino de los cielos ha estado obrando entre los seres humanos. Este es el significado más probable de Mateo 11:12-13. El versículo 13 claramente afirma que «... los profetas y la ley profetizaron hasta Juan»; y el versículo 12 dice: «Desde los días de Juan el Bautista hasta ahora, el reino de los cielos sufre violencia, y los violentos lo arrebatan». Como hemos visto, el reino de Dios es su gobierno que obra redentoramente entre los seres humanos; y eso es lo que significa Mateo 11:12. Sin embargo, esa generación de Israel no respondió a la obra del reino de Dios ni cuando Juan el Bautista predicó el arrepentimiento como preparación para el reino ni cuando nuestro Señor ofreció las bendiciones del reino. Eran como niños obstinados que nada quieren aceptar; rechazaron las bodas y los funerales (vv. 16-17). Rechazaron el sombrío llamado de Juan al arrepentimiento y declinaron la gozosa oferta de Jesús del poder y la vida del reino de Dios.

Por tanto, solo queda juicio para esa generación (v. 20). Se proclama un terrible infortunio contra las ciudades de Israel como Corazín y Betsaida porque grandes milagros se hicieron en sus calles, grandes obras del reino de Dios. Jesús había aparecido en esas ciudades y había echado fuera demonios, había liberado personas del poder satánico y había predicado que el reino de Dios había llegado hasta ellos para vencer a Satanás y librar al ser humano de su dominio. A pesar de todas estas obras poderosas de Dios, Israel no respondió al llamado. «Por tanto os digo que en el día del juicio, será más tolerable el castigo para la tierra de Sodoma, que para ti» (v. 24).

La invitación a recibir las bendiciones del reino se ofrece a quienes la aceptan de forma individual. Jesús dijo: «Venid a mí todos los que estáis trabajados y cargados, y yo os haré descansar. Llevad mi yugo sobre vosotros, y aprended de mí, que soy manso y humilde de corazón; y hallaréis descanso para vuestras almas» (vv. 28-29).

En la dispensación del Antiguo Testamento, Dios había tratado con Israel primordialmente como familia y como nación y le había dado a su pueblo bendiciones terrenales y religiosas. Cuando Dios hizo un pacto con Abraham, este tomó a todos los varones de su familia y los circuncidó; y de ese modo los trajo a los términos y bendiciones del pacto (Gn 17:22-27). A pesar de esto, encontramos en los profetas un creciente énfasis en lo individual, aunque las condiciones del antiguo pacto fueron principalmente para Israel como nación, y los gentiles podían participar de las bendiciones espirituales del pacto solamente haciéndose miembros de la nación de Israel.

La oferta que nuestro Señor hace del reino de Dios no es el ofrecimiento de un reino político ni comprendía bendiciones nacionales ni materiales. Los judíos deseaban un rey político para vencer a sus enemigos; pero Jesús rehusó una corona terrenal (Jn 6:15) y ofreció un pan espiritual en lugar de un reinado terrenal (Jn 6:52-57). Jesús se dirigió a los individuos, y los términos de la nueva relación eran exclusivamente los de decisión personal y fe. Este hecho está declarado de forma elocuente en el ministerio preparatorio de Juan el Bautista, que le dijo a los judíos que descender de Abraham no bastaba para que estuvieran en condiciones de participar de las bendiciones del reino venidero (Mt 3:7-10). Las bendiciones espirituales de la nueva era serían concedidas sobre una base individual y no sobre una base familiar. Aun los que se consideraban a sí mismos hijos del viejo pacto tenían que experimentar un arrepentimiento personal y someterse al bautismo como preparación del camino para Aquel que había de venir.

Nuestro Señor también estableció en forma clara las condiciones personales de la nueva relación cuando dijo: «No penséis que he venido para traer paz a la tierra; no he venido para traer paz, sino espada. Porque he venido para poner en disensión al hombre contra su padre, a la hija contra su madre, y a la nuera contra su suegra; y los enemigos del hombre serán los de su casa» (Mt 10:34-36). La familia como unidad no seguirá siendo la base de la relación entre Dios y el hombre; la fe personal, que a menudo dividiría a los familiares y hasta rompería los vínculos de carne y sangre, es la base fundamental de la relación entre el hombre y el reino de Dios.

La fe personal, que a menudo dividiría a los familiares y hasta rompería los vínculos de carne y sangre, es la base fundamental de la relación entre el hombre y el reino de Dios.

Los judíos, en general, rechazaron esta nueva relación. Sin embargo, hubo algunos que respondieron a la oferta y que se convirtieron en discípulos de nuestro Señor. Estos fueron verdaderos hijos del reino de Dios y formaron el núcleo que se convirtió en la iglesia.

El capítulo dieciséis de Mateo describe el propósito de nuestro Señor en formar un nuevo pueblo de Dios, la iglesia. Es importante que Jesús no dijera nada de su propósito redentor para producir la existencia de un nuevo pueblo de Dios hasta que los discípulos hubieran comprendido que él ciertamente era el Mesías. La confesión de su mesianismo es, al mismo tiempo, la confesión de la presencia del reino de Dios, porque la misión del Mesías es traer el reino de Dios a los seres humanos. Aquí debemos comprender que para los discípulos existía el problema del reconocimiento del mesianismo del Señor lo mismo que el problema del reconocimiento de la presencia del reino de Dios.

Hemos descubierto que la esperanza popular de la venida del reino de Dios significaba el final de la edad y la manifestación del gobierno de Dios en poder y en gloria, cuando todo mal sería quitado de la tierra. Sin embargo, Jesús enseñó que el reino había venido, pero en una forma nueva e inesperada. A pesar de que la edad antigua continuaba desarrollándose, el reino de Dios había invadido el dominio de Satanás para liberar al hombre de ese régimen maligno. Este era el misterio, la nueva revelación del propósito divino de la misión de nuestro Señor.

Este mismo problema se hallaba en la revelación del mesianismo de nuestro Señor. Los judíos, incluso los discípulos de Jesús, esperaban que el Mesías fuera un rey davídico conquistador ante quien los enemigos de Dios y el pueblo de Dios no podrían resistir; o sería un ente sobrenatural que vendría a la tierra con poder y gran gloria para destruir a los malos y traer el reino de Dios con poder (Dn 7). En cualquiera de estos casos, la venida del Mesías significaría el fin de este siglo y la aparición del reino de Dios en poder.

Entonces, Jesús se apareció no como un rey davídico conquistador ni como un Hijo del Hombre celestialmente glorioso, sino como un hombre común entre los demás hombres, en humildad y debilidad. El pueblo no podía entender cómo él podía ser el Mesías, aun cuando realizaba obras maravillosas. En cierta ocasión, pensaron que él podía ser de verdad el Mesías, y trataron de obligarlo a ser como ellos deseaban que fuera. Después de haber dado de comer a cinco mil personas con solo un par de peces y algunos panes, que multiplicó para dar de comer a la multitud, vinieron para llevárselo a la fuerza y hacerlo rey (Jn 6:15).

No obstante, esa no era la misión de nuestro Señor. Su misión, así como su mesianismo, era un «misterio»; no era poner fin al siglo malo e iniciar el siglo venidero. Era más bien traer los poderes del siglo venidero a los seres humanos en medio del presente siglo malo; y la misión comprendía su muerte. Por tanto, cuando las multitudes trataron de hacerlo rey, él se retiró. Este fue un punto decisivo en su ministerio; y después de esto: «... muchos de sus discípulos volvieron atrás, y ya no andaban con él» (Jn 6:66). Él no era el Mesías que ellos estaban buscando. Él dijo que debían comer su carne y su sangre (Jn 6:53). ¿Qué significaba esto? Ellos no podían entender las palabras sobre su carne que él daría por la vida del mundo (Jn 6:51). Realmente los judíos de la época de nuestro Señor no entendían el capítulo 53 de Isaías. No sabían que se refería al Mesías. Ellos esperaban solo un rey conquistador, o un poderoso Hijo del Hombre celestial en vez de un siervo sufriente. Por tanto, le dieron la espalda y rehusaron seguirle. Así como rechazaron su oferta del reino porque no era lo que estaban buscando, también rechazaron su mesiazgo porque no era un jefe conquistador, el tipo de monarca que ellos deseaban.

No obstante, finalmente el círculo íntimo de los discípulos comenzó a comprender que, a pesar de que el reino no estaba presente en poder majestuoso, a pesar de que Jesús no sería un rey davídico, aun así él era el Mesías y el reino estaba presente en su persona y misión. Esta es la importancia de la confesión de Pedro en Cesarea de Filipo. Jesús percibió que ellos habían llegado al punto crítico de la comprensión básica y preguntó a sus discípulos quién creían que él era. Pedro finalmente habló por los demás: «... Tú eres el Cristo, el Hijo del Dios viviente» (Mt 16:16). A menudo no comprendemos cuán grande logro representaba esto, o cuán difícil fue para Pedro y los demás discípulos reconocer el mesiazgo de Jesús, porque era totalmente distinto de lo que ellos habían esperado que fuera. Esta sin duda fue una comprensión que podía venir a los hombres solo a través de la revelación divina (v. 17).

Tan pronto comprendieron que él era el Mesías, aun dentro de un nuevo e inesperado papel, Jesús los instruyó sobre sus propósitos adicionales. Su propósito no era una restauración nacional de Israel, sino que crearía un pueblo nuevo. «Y yo también te digo, que tú eres Pedro, y sobre esta roca edificaré mi iglesia; y las puertas del Hades no prevalecerán contra ella. Y a ti te daré las llaves del reino de los cielos; y todo lo que atares en la tierra será atado en los cielos; y todo lo que desatares en la tierra será desatado en los cielos» (Mt 16:18-19).

El significado de la palabra «roca» sobre la cual Jesús iba a edificar su iglesia ha sido vigorosamente discutido, aunque para nuestro propósito actual la respuesta a esta cuestión no es fundamental. Que la roca sea la fe de Pedro en el mesiazgo y la deidad de Cristo (como lo entiende Calvino), o que la persona misma de Cristo sea la roca (como lo afirma Lutero), o que haya en realidad un sentido *no oficial* en el cual Pedro, como vocero de los otros discípulos y líder de los apóstoles y de la iglesia primitiva en sus primeros años, pueda haber sido el fundamento sobre el cual los niveles iniciales de la iglesia fueran edificados, resulta al final en lo mismo. No hay evidencia en el Nuevo Testamento

Su propósito no era una restauración nacional de Israel, sino que crearía un pueblo nuevo.

de que se le diera a Pedro alguna autoridad oficial que él pudiera transmitir a otros. Sin embargo, la iglesia, en efecto, fue edificada «... sobre el fundamento de los apóstoles y profetas, siendo la principal piedra del ángulo Jesucristo mismo» (Ef 2:20); y es posible que nuestro Señor se dirigiera a Pedro como al representante de los apóstoles sobre quien la iglesia sería erigida.

En todo caso, nuestro Señor indica su propósito de edificar su iglesia. La forma particular de esta frase es importante. La palabra griega, *ekklesia,* es el término más comúnmente usado en el Antiguo Testamento griego para referirse a Israel como el pueblo de Dios. El uso de esta palabra sugiere que nuestro Señor se proponía crear un nuevo pueblo que ocuparía el lugar del antiguo Israel que había rechazado su mesiazgo y su oferta del reino de Dios. El cumplimiento de esta promesa comenzó en Pentecostés, cuando el Espíritu Santo fue derramado y bautizó en el cuerpo de Cristo a los que eran seguidores de Jesús y dio nacimiento histórico a la iglesia (1 Co 12:13).

Nuestro interés actual es preguntar sobre la relación que hay entre el reino de Dios y la iglesia. Jesús prometió dar a Pedro, como representante de los apóstoles y de la iglesia, las llaves del reino de los cielos. Hemos visto anteriormente que el reino de Dios significaba, ante todo, la actividad redentora y el gobierno de Dios obrando entre los seres humanos; y, en segundo lugar, el dominio en el cual los seres humanos disfrutan de las bendiciones del régimen divino. En este versículo, el reino de los cielos se ve como el dominio final en el cual se disfrutan las bendiciones del gobierno de Dios, la esfera del siglo venidero en que toda autoridad y poder serán abolidos. Este es, de hecho, lo que popularmente se llama «cielo». Las llaves del futuro reino de los cielos, es decir, el poder de abrir y cerrar las puertas que dan a las bendiciones del siglo venidero, deben ser confiadas a los apóstoles de la iglesia que nuestro Señor crearía. El reino de Dios ya no está activo en el mundo a través de Israel; ahora obra más bien a través de la iglesia.

Este modo de ver las cosas está confirmado por un aserto de nuestro Señor en Lucas 11:52. Jesús condenó a los escribas porque habían «… quitado la llave de la ciencia; vosotros mismos no entrasteis, y a los que entraban se lo impedisteis». La llave del conocimiento que debía abrir la puerta del reino de Dios había sido confiada a los líderes del pueblo judío. Esta llave era la comprensión e interpretación correctas del Antiguo Testamento que hubiera llevado a los judíos a reconocer en la persona y el ministerio de nuestro Señor la presencia del reino de Dios y el cumplimiento de las promesas del Antiguo Testamento. Pablo expresó la misma verdad cuando dijo que Dios había confiado a Israel los oráculos de Dios (Ro 3:2). Sin embargo, los escribas habían quitado la llave del conocimiento; ellos interpretaban de tal modo la Escritura que las desviaban de Cristo, en vez de señalarlo como aquel que vino a cumplir las profecías. Así, rechazaron la entrada al dominio de las bendiciones del reino que Jesús trajo y también dificultaban el proceso para quienes deseaban entrar.

En otra ocasión, Jesús les dijo a los líderes religiosos: «… los publicanos y las rameras van delante de vosotros al reino de Dios» (Mt 21:31). Desde luego, no quería decir que estaban entrando a disfrutar las bendiciones del reino de Dios; ellos estaban parados aparte observando que publicanos y rameras entraban y, peor aún, estaban tratando de impedirles que entraran.

Esta llave del conocimiento, que en la dispensación del Antiguo Testamento había sido confiada a Israel, nuestro Señor la confió a los apóstoles y a la iglesia. Este hecho se enseña claramente en la parábola de los labradores malvados en Mateo 21:33-42. Dios había confiado su viña a Israel. Él envió en varias ocasiones a sus siervos los profetas a darles razón, «Mas los labradores, tomando a los siervos, a uno golpearon, a otro mataron, y a otro apedrearon» (v. 35). Finalmente, envió a su Hijo pensando que lo respetarían y lo reconocerían. No obstante, los labradores «... tomándole, le echaron fuera de la viña, y le mataron» (v. 39). Jesús mismo interpreta esta parábola en términos nada inciertos: «Por tanto os digo, que el reino de Dios será quitado de vosotros, y será dado a gente que produzca los frutos de él» (v. 43).

Esta no es una afirmación para nada ambigua. Israel había sido el poseedor del reino de Dios. Esto significa que hasta el momento de la venida de Cristo en carne, la actividad redentora de Dios en la historia había sido canalizada a través de la nación de Israel, y las bendiciones del gobierno divino habían sido otorgadas a este pueblo. Los hijos de Israel eran ciertamente los hijos del reino. Los gentiles podían participar de estas bendiciones solo al entrar en relación con Israel. Sin embargo, cuando llegó la hora de que Dios manifestara su actividad redentora en una nueva y maravillosa manera y que el reino de Dios visitara a los hombres en la persona del Hijo de Dios, quien les traía en una medida más plena las bendiciones del régimen divino, Israel rechazó el reino y a su portador. Entonces, el reino, en su nueva manifestación, le fue quitado a Israel y dado a un pueblo nuevo.

Este nuevo pueblo es la iglesia. Mateo 16:18 dice: «... sobre esta roca edificaré mi iglesia...». En esta declaración, la palabra «iglesia» no tenía todavía el significado técnico que adquirió después de Pentecostés. Como ya hemos indicado, la palabra significa pueblo de Dios. Este pueblo nuevo es «... linaje escogido, real sacerdocio, nación santa...», según dijo Pedro (1 P 2:9). El reino de Dios no pertenece ahora a la raza de Abraham, sino a un «linaje escogido», pues «... los que son de fe, éstos son hijos de Abraham» (Gá 3:7). No es la posesión de un sacerdocio israelita, porque Cristo ha hecho que los que constituyen su iglesia sean «... sacerdotes para Dios, su Padre...» (Ap 1:6). Dios no está ahora tratando con una nación en la carne, sino con una nación santa, la iglesia, que está fundamentada sobre la base de la fe salvadora personal en Jesús, el Hijo de Dios.

La relación entre la iglesia y el reino de Dios debe ser claramente establecida. El reino de Dios es ante todo el dominio divino redentor manifestado en Cristo; y, en segundo lugar, es la esfera de dominio en la cual se pueden experimentar las bendiciones del régimen divino. Estas distinciones han sido cuidadosamente analizadas en un capítulo anterior. Como el régimen redentor divino de Dios, el reino ha venido a los seres humanos para vencer a Satanás y liberar al hombre del dominio del poder satánico (Mt 12:28). Como se trata de un dominio actual en el cual estas bendiciones se disfrutan, los seres humanos pueden entrar ahora al reino de Dios. La era de la ley y los profetas terminó con Juan el Bautista. Desde entonces, el reino de Dios fue predicado y todos los que recibieron el anuncio entraron vigorosamente, en verdad «violentamente», en el reino (Lc 16:16). Todo el que ha recibido estas buenas nuevas de redención ha sido «... librado de la potestad de las tinieblas [ver 2 Co 4:4], y trasladado al reino de su amado Hijo» (Col 1:13).

Como el régimen redentor divino de Dios, el reino ha venido a los seres humanos para vencer a Satanás y liberar al hombre del dominio del poder satánico.

El reino de Dios es al mismo tiempo el reino de Cristo (Ef 5:5); pues el reino de Dios, su gobierno redentor, se manifestó entre los seres humanos a través de la persona de Cristo, quien debe reinar hasta que haya puesto a todos sus enemigos debajo de sus pies (1 Co 15:25). Ciertamente, si alguna distinción debe hacerse entre el reino de Dios y el de Cristo, debemos decir que el reino de Cristo incluye el período de su venida en la carne hasta el final de su reinado milenario, «... cuando entregue el reino al Dios y Padre...» (1 Co 15:24).[1]

El reino de Dios, como la actividad redentora y el gobierno de Dios en Cristo, creó la iglesia y obra a través de esta en el mundo. Conforme los discípulos del Señor recorrieron las aldeas de Palestina, proclamaron que en su misión se había acercado el reino de Dios a estas aldeas (Lc 10:9). Ellos produjeron las señales del reino al sanar a los enfermos y echar fuera los demonios, con lo cual libraban a las personas del poder satánico (vv. 9 y 17). Cualquier ciudad que los rechazara también repudiaba al reino de Dios y reservaba para sí un juicio terrible, pues en la misión de los discípulos «... el reino de Dios se ha acercado a vosotros» (v. 11). De este modo, el reino de Dios estaba obrando entre los seres humanos no solamente en la persona de nuestro Señor, sino también a través de sus discípulos conforme traían ellos la palabra y las señales del reino a las ciudades de Galilea.

De la misma manera, el reino de Dios, su actividad redentora y su poder, está obrando en el mundo hoy a través de la iglesia de Jesucristo. La iglesia es la comunidad de discípulos de Jesús que han recibido la vida del reino y se han dedicado a la tarea de predicar el evangelio del reino en el mundo. Felipe fue a Samaria y predicaba «... el evangelio del reino de Dios y el nombre de Jesucristo...» (Hch 8:12). Pablo fue a Roma y predicó el reino de Dios primero a los judíos y luego a los gentiles (Hch 28:23, 31).

Conforme los emisarios de nuestro Señor fueron a través del mundo romano con la proclamación del reino, y conforme hoy los discípulos de Jesús van por todo el mundo con las buenas nuevas del reino de Dios, siempre ocurrían dos cosas: algunas personas son liberadas,

---

1. El profesor, Oscar Cullmann, sugiere que debe hacerse esa distinción. Ver la p. 20.

en tanto que otras son atadas. Algunas creen y reciben el mensaje. Entonces son liberadas del poder de las tinieblas y trasladadas al reino del Hijo del amor de Dios (Col 1:13); esto es, entran al reino de Dios porque reciben sus bendiciones. Es más, a estas personas se les aseguran la entrada al futuro reino de Dios cuando Cristo venga en gloria.

Sin embargo, hay quienes rechazan las buenas nuevas del reino. Para ellos, las puertas del reino de Dios, tanto en la actualidad como en el futuro, se cierran. Cristo en verdad dio a sus discípulos, a la iglesia, las llaves del reino de los cielos. Lo que ellos aten en la tierra, al predicar el evangelio del reino, será atado en el cielo. Lo que ellos desaten en la tierra, es decir, los que sean liberados por ellos de sus pecados, serán liberados en los cielos. En un sentido real de la palabra, la iglesia, los discípulos del Señor, es la que usa las llaves y realiza las funciones de atar y desatar; pero en un sentido más profundo, es la obra del reino de Dios a través de la iglesia la que cumple estos fines eternos. El hecho importante es este: el reino de Dios no funciona en aislamiento, sino que está confiado al hombre y opera a través de los redimidos, los que se han sometido al gobierno de Dios por medio de Cristo. No obstante, esta es una función dinámica y no oficial que la iglesia desempeña.

Existen pocos versículos del Nuevo Testamento que identifican el reino con la iglesia, pero son esos pasajes los que apoyan nuestras conclusiones. En Apocalipsis 5:9-10 leemos: «... porque tú fuiste inmolado, y con tu sangre nos has redimido para Dios, de todo linaje y lengua y pueblo y nación; y nos has hecho para nuestro Dios reyes y sacerdotes, y reinaremos sobre la tierra». Este canto de los veinticuatro ancianos identifica a todos los redimidos como un reino. Por tanto, ¿no tenemos un precedente bíblico para identificar la iglesia con el reino de Dios? Solo en este sentido: los redimidos son un reino *porque reinarán sobre la tierra*. No son un reino porque los miembros de la iglesia sean el pueblo sobre quien Cristo ejerce su reinado. No son el reino porque la iglesia sea la esfera o el dominio en el cual las bendiciones del reino redentor deben experimentarse. La iglesia es un reino porque ella comparte el gobierno de Cristo. El reino de Dios en este versículo no es la esfera de su reinado, sino el reinado mismo de Dios, un reinado que se comparte con los que se han rendido a él.

Debemos interpretar Apocalipsis 1:6 a la luz de este versículo. La iglesia es tanto un sacerdocio como un reino. Los redimidos comparten la prerrogativa de su Gran Sumo Sacerdote de entrar en lo más sagrado del lugar santísimo y adorar a Dios. Ellos son sacerdotes.

La iglesia es tanto un sacerdocio como un reino.

La iglesia también comparte las prerrogativas de su Señor y Rey. A ellos se les ha concedido el derecho de gobernar con Cristo. Son un reino, una nación de reyes.

Por consiguiente, la iglesia no es el reino de Dios, sino que este crea la iglesia y obra en el mundo a través de ella. Así, el hombre no puede edificar el reino de Dios, aunque sí puede predicarlo y anunciarlo, recibirlo o rechazarlo. El reino de Dios, que en la dispensación del Antiguo Testamento se manifestó en Israel, ahora está trabajando en el mundo a través de la iglesia.

Entonces, hay solo un solo pueblo de Dios. Esto no quiere decir que los santos del Antiguo Testamento pertenezcan a la iglesia y que tengamos que hablar de la iglesia en el Antiguo Testamento. En algunas versiones en inglés, por ejemplo, en Hechos 7:28 se habla de la «iglesia en el desierto»; pero la palabra aquí no tiene su connotación del Nuevo Testamento, sino que designa solamente la «congregación» en el desierto, lo cual se incluye correctamente en diferentes versiones en español. La iglesia tuvo su nacimiento el día de Pentecostés, pues ella se compone de todos los que por un solo Espíritu han sido bautizados en un cuerpo (1 Co 12:13), y esta obra del bautismo por el Espíritu comenzó el día de Pentecostés.

Así, aunque tengamos que referirnos a Israel y la iglesia, debemos hablar solamente de un pueblo de Dios. Esto se presenta con claridad vívida en la ilustración del olivo que da Pablo en Romanos 11. Hay un olivo; este es el pueblo de Dios. En la era del Antiguo Testamento, las ramas del árbol eran Israel. Sin embargo, debido a la incredulidad, algunas de las ramas naturales fueron arrancadas y ya no pertenecen al árbol (v. 16). Sabemos por el versículo 5 que no todas las ramas fueron arrancadas, pues «... ha quedado un remanente escogido por gracia». Algunos judíos aceptaron al Mesías y su mensaje del evangelio del reino. Debemos recordar que en sus comienzos la iglesia consistía de creyentes judíos, pero ellos vinieron a la iglesia no porque eran judíos, sino porque eran creyentes.

Así, aunque tengamos que referirnos a Israel y la iglesia, debemos hablar solamente de un pueblo de Dios.

Cuando estas ramas naturales fueron desprendidas, otras ramas fueron tomadas de un olivo silvestre y, contra la naturaleza, fueron injertadas en el árbol de olivo (vv. 17, 24). Esto se refiere a los gentiles que recibieron el evangelio del reino, el otro pueblo (Mt 21:43, NVI) del cual habló nuestro Señor. Las ramas naturales que fueron desgajadas fueron arrancadas del árbol debido a su incredulidad; y las ramas silvestres fueron injertadas debido a su fe (v. 20). Todo este procedimiento es «contra naturaleza»; es decir, no es lo que esperaría un lector del Antiguo Testamento. Desde el punto de vista del Antiguo Testamento, uno jamás sabría que el pueblo de Dios iba a constar mayormente de gentiles y que la mayoría de la nación judía sería ramas desgajadas. Este carácter mixto de la iglesia es en verdad otro misterio, una revelación adicional del propósito redentor de Dios que no había sido revelado a los profetas del Antiguo Testamento (Ef 3:3).

En la era del Antiguo Testamento, el olivo, el pueblo de Dios, estaba formado de los hijos de Israel. Los gentiles entraban a disfrutar las bendiciones del pueblo de Dios solo conforme compartían las condiciones del pacto con Israel. En la dispensación del Nuevo Testamento, las ramas naturales, Israel, han sido mayormente arrancadas del árbol debido a su incredulidad, y algunas ramas silvestres de los gentiles han sido injertadas por medio de la fe. No obstante, existe solo un árbol, un pueblo de Dios, que estaba formado primero de israelitas y luego de creyentes gentiles y judíos. Es imposible pensar en dos pueblos de Dios a través de los cuales él está llevando a cabo dos propósitos redentores sin hacer violencia a Romanos 11.

Sin embargo, este actual estado del olivo no es la última obra de Dios. Pablo escribe: «Y aun ellos, si no permanecieren en incredulidad, serán injertados, pues poderoso es Dios para volverlos a injertar. [...] Porque no quiero, hermanos, que ignoréis este misterio, para que no seáis arrogantes en cuanto a vosotros mismos: que ha acontecido a Israel endurecimiento en parte, hasta que haya entrado la plenitud de los gentiles; y luego todo Israel será salvo...» (Ro 11:23, 25-26). La forma final del olivo no será una en que la mayoría de las ramas serán silvestres, es decir, los gentiles. Israel, las ramas naturales que fueron arrancadas debido a la incredulidad, aun debe creer y ser injertada de nuevo en el olivo. He aquí otro misterio, otro propósito redentor de Dios que no fue revelado a los profetas, pero que ahora ha sido revelado a través de los apóstoles. El endurecimiento de Israel y su expulsión del pueblo de Dios solo es parcial y temporal; perdurará hasta cuando el número completo de los gentiles haya entrado. Dios tiene el propósito de traer salvación a los pueblos gentiles y ha usado la incredulidad de Israel para hacer que se cumplan los propósitos redentores. No obstante, cuando su propósito con las ramas silvestres haya sido completado, él repondrá de nuevo las ramas naturales; el velo les será quitado de sus ojos (2 Co 3:16) y ellos creerán y serán injertados de nuevo en el pueblo de Dios. Así «todo Israel será salvo».

Es totalmente imposible, a la luz del contexto y del discurrir del pensamiento de Pablo en este pasaje, entender que cuando dice «todo Israel» se refiere a la iglesia. Sin duda hay un sentido muy real en el cual la iglesia es Israel, los hijos de Abraham, los de la verdadera circuncisión (Gá 3:7; Ro 2:28; 4:1, 12, 16). Sin embargo, esto no quiere decir que Dios haya desechado por siempre el linaje de Israel según la carne. Pablo niega esto enfáticamente. Primero, hay un remanente espiritual, las ramas naturales que no fueron arrancadas porque recibieron a Cristo (Ro 11:1-6). No obstante, en segundo lugar, habrá un retorno de Israel al Señor y será de tales proporciones que Pablo puede decir que «todo Israel», es decir, Israel como un todo, será salvo.

Esta salvación futura de Israel se refleja en unas cuantas aseveraciones de nuestro Señor. Cuando estuvo llorando por Jerusalén, no mucho antes de su muerte, Jesús se lamentó: «¡Jerusalén, Jerusalén, que matas a los profetas, y apedreas a los que te son enviados! ¡Cuántas veces quise juntar a tus hijos, como la gallina junta sus polluelos debajo de las alas, y no quisiste! He aquí vuestra casa os es dejada desierta. Porque os digo que desde ahora no me veréis, hasta que digáis: Bendito el que viene en el nombre del Señor» (Mt 23:37-39). Jerusalén, símbolo de Israel, había rechazado a los profetas que Dios había enviado, hasta que él finalmente envió a su Hijo. Jesús anhelaba reunir a Israel bajo las bendiciones del reino de Dios, pero la nación no escuchó; el Hijo fue rechazado. Por tanto, el juicio gravita sobre

Israel, y la ciudad santa será destruida. El juicio del reino de Dios se ha manifestado a menudo en la historia. Sin embargo, esta desolación de Jerusalén que se cumplió históricamente en el año 70 d. C., cuando el templo fue destruido y la ciudad saqueada por los romanos, no será la palabra final. No obstante, sí será la última visitación de Dios a Israel hasta que venga el día en que el pueblo reconozca a Cristo como su Mesías y diga: «Bendito el que viene en el nombre del Señor». Israel todavía debe ser salvado.

De nuevo, en el relato que hace Lucas del discurso del monte de los Olivos, el cual predice la destrucción histórica de Jerusalén y el final del siglo, leemos que Jesús dijo sobre la ciudad santa: «... Jerusalén será hollada por los gentiles, hasta que los tiempos de los gentiles se cumplan» (Lc 21:24). El juicio divino pesa sobre Jerusalén y sobre la nación judía hasta «los tiempos de los gentiles», es decir, hasta que la divina visitación de los gentiles se cumpla. Cuando el propósito de Dios para los gentiles se haya cumplido, así lo sugiere este versículo, Jerusalén no será más hollada. Habrá una restauración de Israel: «Todo Israel será salvo».

Resulta imposible en este estudio abordar la cuestión de cómo Israel será restaurada e injertada de nuevo en el pueblo de Dios. El Nuevo Testamento tiene poco que decir sobre la manera en que Dios llevará a efecto este propósito. Sin embargo, hay un hecho crucial: en cuanto concierne al Nuevo Testamento, la salvación de Israel es una parte esencial del propósito redentor singular de Dios. La obra del Espíritu de Dios en la formación de la iglesia y la futura

En cuanto concierne al Nuevo Testamento, la salvación de Israel es una parte esencial del propósito redentor singular de Dios.

visitación divina de Israel, mediante la cual las ramas naturales son injertadas nuevamente en el olivo, no deben verse como dos propósitos separados y desvinculados, sino como dos etapas del único propósito redentor de Dios a través de su reino. Hay un solo olivo y un solo reino de Dios.

Las etapas finales del reino de Dios en Cristo, mediante las cuales él pondrá a todos sus enemigos debajo de sus pies (1 Co 15:25), incluirán la salvación de Israel en la carne. El pueblo de Dios, a través del cual el reino está obrando en esta era, es la iglesia, la cual consiste mayormente de gentiles. No obstante, el pueblo de Dios en el cual el reino se consumará incluirá a Israel (Ro 11:12). Hay un solo reino y un solo pueblo.

También ocurre a menudo que en nuestro estudio de las relaciones entre el reino de Dios, la iglesia e Israel perdemos de vista un hecho que para nosotros es de primordial importancia: el reino de Dios, que finalmente traerá la salvación a Israel y hará que entre en el reino, nos ha traído la salvación a nosotros los que constituimos la iglesia y nos ha llevado a formar parte del reino de Dios. Este reino está trabajando en el mundo a través de los discípulos de Jesucristo, los que se han sometido a la demanda del reino y constituyen el nuevo pueblo de Dios, la iglesia. El reino de Dios ha invadido los dominios de Satanás en la persona y la misión de Cristo para liberar al ser humano de la esclavitud de las tinieblas. Además, el conflicto entre el reino de Dios y los poderes de las tinieblas prosigue conforme la iglesia lleva las buenas nuevas del reino de Dios a las naciones de la tierra.

Aunque el reino de Dios no se consumará como un estado de bendición perfecta hasta la venida de Cristo, el reino de Dios está obrando en el mundo y librando una lucha mortal contra el mal. La iglesia es el instrumento de esta lucha. Por consiguiente, el conflicto siempre será un elemento esencial en la vida de la iglesia mientras dure este siglo. La historia humana realizará algo de la vida y de las bendiciones del reino de Dios por haberse formado una nueva comunidad en la sociedad humana. La iglesia es la comunidad del reino de Dios y está llamada a presionar la lucha contra la perversidad satánica en el mundo. Los hijos del reino no pueden evitar ejercer una influencia en la historia humana, porque ellos son la luz del mundo y la sal de la tierra (Mt 5:13-16). Mientras la luz sea luz, deberá brillar; y mientras la sal sea sal, deberá preservarlo todo. De este modo, la misión de la iglesia no es solamente usar las llaves del reino para abrir a judíos y gentiles la puerta que da entrada a la vida eterna, la cual es el don del reino de Dios; sino que también debe ser el instrumento del régimen dinámico de Dios en el mundo para oponerse al mal y a los poderes de Satanás en todas las formas que se manifieste. Cuando el pueblo de Dios pierde de vista este hecho, traiciona el carácter de la iglesia. Somos el foco de un conflicto entre el reino de Dios y la maldad satánica. Este es esencialmente un conflicto en la esfera espiritual. Sin embargo, estas fuerzas espirituales de la perversidad satánica y del reino de Dios se manifiestan en las áreas de la conducta y de las relaciones humanas. Por tanto, debemos acelerar la batalla contra los poderes de las tinieblas dondequiera que los encontremos hasta que amanezca el día y la luz del conocimiento de Dios llene toda la tierra.

Los hijos del reino no pueden evitar ejercer una influencia en la historia humana, porque ellos son la luz del mundo y la sal de la tierra.

— 9 —

¿CUÁNDO VENDRÁ EL REINO?

Para este estudio final consideraremos un solo versículo de las enseñanzas de nuestro Señor. En esta serie de estudios la verdad comprendida en este versículo es, desde cierto punto de vista, la más importante para la iglesia de hoy. Es un texto cuyo significado solo puede captarse considerando el trasfondo de un estudio más amplio del reino de Dios.

Hemos descubierto que el reino de Dios es su gobierno, que derrota a sus enemigos y trae a los seres humanos al goce de las bendiciones del reino divino. Hemos encontrado que este régimen de Dios se cumplirá en tres grandes actos, de modo que podemos decir que el reino viene en tres etapas. La tercera y final victoria ocurre al finalizar el milenio, cuando la muerte, Satanás y el pecado son por fin destruidos y el reino se consuma en su perfección definitiva. La segunda victoria ocurre al comienzo del milenio, cuando Satanás es encadenado en el fondo del abismo. Sin embargo, parece ser que el pecado y la muerte siguen presentes durante todo este período, porque la muerte no es echada al lago de fuego sino hasta finalizar el milenio.

Una manifestación inicial del reino de Dios se encuentra en la misión de nuestro Señor sobre la tierra. Antes del siglo venidero, antes del reinado milenario de Cristo, el reino de Dios ha entrado al presente siglo malo, aquí y ahora, en la persona y la obra de Cristo. Por eso podemos experimentar su poder, conocer su vida y participar de sus bendiciones. Si hemos entrado al goce de las bendiciones del reino de Dios, nuestra pregunta final es: ¿qué debemos hacer como resultado de estas bendiciones? ¿Debemos disfrutar pasivamente de la vida del reino mientras esperamos la consumación de la venida del Señor? Sí, debemos esperar, pero no pasivamente. El texto para este estudio tal vez sea el versículo de mayor importancia para el pueblo de Dios hoy día: Mateo 24:14.

Antes del siglo venidero, antes del reinado milenario de Cristo, el reino de Dios ha entrado al presente siglo malo, aquí y ahora, en la persona y la obra de Cristo.

Este versículo sugiere el tema de este capítulo: «¿Cuándo vendrá el reino?». Esto, desde luego, se refiere a la manifestación del reino de Dios en poder y gloria en la segunda venida del Señor Jesús. En el pueblo de Dios hay gran interés sobre la hora cuando Cristo vendrá. ¿Será pronto o tardará mucho? Muchas conferencias sobre profecías bíblicas ofrecen mensajes en los cuales se escudriña la Escritura y se examinan los periódicos tratando de hacer comprensibles las profecías y las señales de los tiempos para tratar de determinar cuán cerca del fin estamos. Nuestro texto es la declaración más clara de la Palabra de Dios sobre el momento cuando nuestro Señor regresará.

No hay otro versículo que hable en forma tan clara y concisa del tiempo de la venida del reino.

El capítulo comienza con las preguntas de los discípulos al Señor conforme miraban el templo cuya destrucción Jesús había anunciado. Ellos le preguntaron: «… Dinos, ¿cuándo serán estas cosas, y qué señal habrá de tu venida, y del fin del siglo?» (Mt 24:3). Los discípulos esperaban que este siglo terminaría con la venida de Cristo en gloria. El reino vendrá con la iniciación del siglo venidero. Esta es esencialmente la pregunta de ellos: «¿Cuándo finalizará esta era? ¿Cuándo volverás y traerás el reino?».

Jesús contestó a su pregunta con cierto detalle. Describió primero el curso de este siglo hasta el tiempo del fin.[1] Este siglo malo perdurará hasta que Cristo regrese y siempre será hostil al evangelio y al pueblo de Dios. El mal prevalecerá, e influencias sutiles y engañosas procurarán que el ser humano se aparte de Cristo. Religiosos falsos y mesías engañosos llevarán a muchos por caminos errados. Las guerras continuarán y habrá hambres y terremotos. Persecuciones y martirios importunarán a la iglesia. Los creyentes serán odiados y sufrirán mientras dure esta era. Los hombres tropezarán y se entregarán unos a otros. Profetas falsos se levantarán, abundará la iniquidad y el amor de muchos se enfriará.

Esta es una descripción tenebrosa, pero esto es lo que debemos esperar en una época sometida al gobierno de los líderes mundiales de estas tinieblas (Ef 6:12). No obstante, el cuadro no es de tinieblas y perversidad irremediables. Dios no ha dejado por completo este siglo bajo la oscuridad. Los escritos apocalípticos judíos de la época del Nuevo Testamento hablaban de una era completamente bajo control del mal. Dios se había retirado de la participación activa en los asuntos

---

1. La forma original del discurso del monte de los Olivos cubría tanto la caída de Jerusalén (Lc 21:20 ss.) como el final de la era. No obstante, esto implica dificultades críticas que no se pueden examinar aquí.

del hombre; la salvación pertenecía solamente al futuro cuando el reino de Dios viniera en gloria. El presente solo sería testigo de tristezas y sufrimientos.

Algunos cristianos han manifestado una actitud pesimista similar. Satanás es el «dios de este siglo»; por tanto, el pueblo de Dios no puede esperar nada más que frustraciones y perversidades en este siglo malo. La iglesia se convertirá en una apóstata cabal; la civilización se corromperá totalmente. Los cristianos deberán librar una batalla perdida hasta que Cristo venga.

En efecto, la Palabra de Dios enseña que habrá una intensificación del mal al final del siglo, porque Satanás sigue siendo el dios de este siglo. No obstante, debemos poner fuerte énfasis en que Dios no ha abandonado este siglo por completo en manos del Maligno. En realidad, el reino de Dios ha invadido este siglo malo; Satanás ha sido vencido. El reino de Dios, en Cristo, ha creado la iglesia y obra en el mundo a través de ella para cumplir el divino propósito de extender su reino en el mundo. Estamos en medio de una gran contienda, el conflicto de los siglos. El reino de Dios obra en este mundo a través del poder del evangelio. «Y será predicado este evangelio del reino en todo el mundo, para testimonio a todas las naciones; y entonces vendrá el fin» (Mt 24:14).

En este texto encontramos tres cosas. Hay un mensaje, una misión y un motivo. El *mensaje* es el evangelio del reino, estas buenas nuevas sobre el reino de Dios.

Algunos maestros de Biblia dicen que el evangelio del reino no es el evangelio de la salvación. En realidad es un evangelio que anunciará la segunda venida de Cristo y será predicado durante la tribulación por el remanente de los judíos después de que se haya ido la iglesia. No podemos tratar extensamente ese problema, pero podemos averiguar si el evangelio del reino es, en efecto, el evangelio que fue proclamado por los apóstoles de la iglesia primitiva.

Sin embargo, primero debemos advertir una estrecha relación entre este versículo y la gran comisión. En la ascensión, el Señor encomendó a sus seguidores una misión: «Por tanto, id, y haced discípulos a todas las naciones, bautizándolos en el nombre del Padre, y del Hijo, y del Espíritu Santo; enseñándoles que guarden todas las cosas que os he mandado; y he aquí yo estoy con vosotros todos los días, hasta el fin del mundo. Amén» (Mt 28:19-20). Cuando uno compara estos versículos, ellos hablan por sí mismos. Los discípulos preguntaron: «Dinos, ¿... qué señal habrá de tu venida, y del fin del siglo?». Jesús respondió: «Y será predicado este evangelio del reino en todo el mundo, para testimonio a todas las naciones; y entonces vendrá el fin». Jesús también dijo: «Por tanto, id, y haced discípulos a todas las naciones, [...] y he aquí yo estoy con vosotros todos los días, hasta el fin del mundo. Amén». Ambos versículos hablan de la misma misión: la evangelización del mundo entero hasta el final de la era. Este hecho conecta los versículos de Mateo 28:19 y Mateo 24:14.

El Libro de Hechos dice que los apóstoles se encomendaron al cumplimiento de esta misión. En Hechos 8:12, Felipe bajó a Samaria y predicó el evangelio. La versión RVR1960 describe exactamente su misión con estas palabras: «... anunciaba el evangelio del reino de Dios...». Si traducimos literalmente estas palabras, tendremos: «Evangelizaba en cuanto al reino de Dios». El Nuevo Testamento griego tiene la misma raíz para el sustantivo «evangelio» y para el verbo «evangelizar» o «predicar el evangelio». La misma expresión en Mateo 24:14 dice «evangelio del reino», y en Hechos 8:12 dice «evangelizaba en cuanto al reino». Este evangelio del reino debe ser predicado en todo el mundo. Felipe fue a Samaria, *evangelizando* en cuanto al reino de Dios; es decir, predicando el evangelio del reino.

Tenemos en Hechos 8:12 la misma frase de Mateo 24:14 (evangelio del reino).

Cuando Pablo vino a Roma, reunió a los judíos, porque siempre predicaba el evangelio «al judío primeramente». ¿Cuál fue el mensaje? «Y habiéndole señalado un día, vinieron a él muchos a la posada, a los cuales les declaraba y les testificaba el reino de Dios desde la mañana hasta la tarde, persuadiéndoles acerca de Jesús...» (Hch 28:23). El testimonio sobre el reino de Dios, el evangelio del reino, fue el mensaje que Pablo proclamó a los judíos en Roma.

Sin embargo, Pablo encontró la misma reacción que nuestro Señor cuando apareció en Israel anunciando el reino de Dios (Mt 4:17). Unos creyeron, pero la mayoría de los judíos rechazaron este mensaje. Entonces Pablo anunció el propósito divino para los gentiles frente a la incredulidad de Israel. «Sabed, pues, que a los gentiles es enviada esta salvación de Dios; y ellos oirán» (Hch 28:28). Pablo predicó a los judíos el reino de Dios, pero ellos lo rechazaron. Por tanto, «esta salvación de Dios» se les ofreció entonces a los gentiles. El hecho de que el evangelio del reino de Dios es el mismo mensaje de salvación está demostrado adicionalmente por los siguientes versículos: «Y Pablo permaneció dos años enteros en una casa alquilada, y recibía a todos los que a él venían, predicando el reino de Dios y enseñando acerca del Señor Jesucristo, abiertamente y sin impedimento» (vv. 30-31). El reino fue predicado a los judíos, y cuando ellos lo rechazaron, este mismo reino fue proclamado para los gentiles. El mensaje de Pablo fue las buenas nuevas del reino de Dios, tanto para los judíos como para los gentiles.

El mensaje de Pablo fue las buenas nuevas del reino de Dios, tanto para los judíos como para los gentiles.

Volvamos nuevamente a la Escritura que describe más clara y sencillamente qué es este evangelio del reino. Hemos expuesto esta verdad en detalle en el capítulo 3, de modo que solo necesitamos repasar los hechos. En 1 Corintios 15:24-26, Pablo describe las etapas de la obra redentora de nuestro Señor. Describe el victorioso evento del reino mesiánico de Cristo con estas palabras: «Luego el fin, cuando entregue el reino al Dios y Padre, cuando haya suprimido todo dominio, toda autoridad y potencia. Porque preciso es que él reine [debe reinar como rey, debe reinar en su reino] hasta que haya puesto a todos sus enemigos debajo de sus pies. Y el postrer enemigo que será destruido es la muerte».

Esta es la descripción bíblica del significado del reino de Cristo mediante el cual su reino logrará sus fines. Este es el reino de Dios en la persona de su Hijo Jesucristo, con el propósito de colocar a sus enemigos debajo de sus pies. «Y el postrer enemigo que será destruido es la muerte». La abolición de la muerte es la misión del reino de Dios. El reino de Dios también debe destruir a todo enemigo, incluyendo al pecado y a Satanás; pues la muerte es la paga del pecado (Ro 6:23) y es Satanás quien tiene poder sobre la muerte (He 2:14). Solo cuando la muerte, el pecado y Satanás sean destruidos, los redimidos conocerán las bendiciones perfectas del reino de Dios.

El evangelio del reino es el anuncio de la victoria de Cristo sobre la muerte.

El evangelio del reino es el anuncio de la victoria de Cristo sobre la muerte. Hemos descubierto que aunque la consumación de esa victoria es futura, cuando la muerte sea finalmente echada al lago de fuego (Ap 20:14), Cristo ya ha vencido a la muerte. Al hablar de la gracia de Dios, Pablo dice que «... ahora ha sido manifestada por la aparición de nuestro Salvador Jesucristo, el cual quitó la muerte y sacó a luz la vida y la inmortalidad por el evangelio» (2 Ti 1:10). La palabra «quitar» usada aquí en la traducción no quiere decir suprimir, sino vencer, anular el poder, poner fuera de acción. La misma palabra griega aquí traducida de esta manera se usa en 1 Corintios 15:26: «Y el postrer enemigo que será *destruido* es la muerte». Esta palabra aparece también en 1 Corintios 15:24: «Luego el fin, cuando entregue el reino al Dios y Padre, cuando haya *suprimido* todo dominio, toda autoridad y potencia».

Por tanto, hay dos etapas en esa destrucción: la abolición y la derrota de la muerte. Su destrucción final será en la segunda venida de Cristo; pero mediante su muerte y resurrección, Cristo ya ha destruido la muerte. Él ha destruido su poder. Todavía la muerte es un enemigo, pero es un enemigo vencido. Estamos seguros de la victoria futura debido al triunfo ya logrado. Tenemos una victoria cumplida que proclamar.

Su destrucción final será en la segunda venida de Cristo; pero mediante su muerte y resurrección, Cristo ya ha destruido la muerte.

Estas son las buenas nuevas del reino de Dios. ¡Cuánto necesitan los seres humanos de este evangelio! A todas partes que uno vaya encuentra el sepulcro que devora a los muertos. Las lágrimas por la pérdida, por la separación, por la partida, manchan todo rostro. Tarde o temprano, en cada mesa queda una silla vacía y en cada hogar un puesto vacante. La muerte es la gran niveladora. Opulencia, o pobreza; fama, o anonimato; poder, o inutilidad; éxito, o fracaso; raza, credo, o cultura, todas las distinciones humanas nada significan ante la irresistible pasada de la guadaña de la muerte que a todos derriba.

Ya sea que el mausoleo que nos aguarda sea un fabuloso Taj Mahal, o una pirámide gigantesca, o una tumba olvidada y sin desyerbar, o las indefinidas profundidades del mar, un hecho predomina: la muerte impera.

Aparte del evangelio del reino, la muerte es la poderosa conquistadora ante la cual todos somos inútiles. Tan solo podemos agitar los puños en completa impotencia contra la tumba inexorable y silenciosa. Sin embargo, las buenas nuevas son estas: la muerte ha sido vencida; nuestro conquistador ha sido vencido. Ante la manifestación del poder del reino de Dios en Cristo, la muerte no tuvo remedio; no pudo retenerlo a él y fue vencida. Ahora, la vida y la inmortalidad han sido desveladas. Una tumba vacía en Jerusalén es la prueba de ello. Este es el evangelio del reino.

El enemigo del reino de Dios es Satanás; Cristo debe reinar hasta que haya puesto a Satanás debajo de sus pies. Esta victoria también espera la venida de Cristo. Durante el milenio, Satanás será atado en el fondo de un abismo. Solo al final del milenio será echado en el fuego.

No obstante, hemos descubierto que Cristo ya ha vencido a Satanás. La victoria del reino de Dios no es solamente futura, sino que ya ha sucedido una victoria inicial. Cristo participó de carne y sangre; él se encarnó «… para destruir por medio de la muerte al que tenía el imperio de la muerte, esto es, al diablo, y librar a todos los que por el temor de la muerte estaban durante toda la vida sujetos a servidumbre» (He 2:14-15). La palabra que aquí se traduce «destruir» es la misma que encontramos en 2 Timoteo 1:10; 1 Corintios 15:24 y 26. Cristo ha anulado el poder de la muerte; también ha invalidado el poder de Satanás, quien todavía ronda de un lado a otro como león rugiente trayendo persecución contra el pueblo de Dios (1 P 5:8). Satanás también se disfraza como un ángel de luz en los círculos religiosos (2 Co 11:14). Sin embargo, él es un enemigo vencido. Su poder y su dominio han sido quebrantados. Su ruina es segura. Una victoria decisiva, *la* victoria decisiva, se ha ganado. Cristo echó fuera demonios y liberó hombres del cautiverio satánico, con lo cual demostró que el reino de Dios libera a los hombres de la esclavitud de Satanás. Los saca de las tinieblas a la luz salvadora del evangelio. Estas son las buenas nuevas del reino de Dios. Satanás está vencido. Ahora podemos librarnos del temor demoníaco y del mal satánico y conocer la gloriosa libertad de los hijos de Dios.

El pecado es un enemigo del reino de Dios. ¿Ha hecho Cristo algo respecto al pecado, o meramente ha prometido una futura liberación cuando traiga el reino en gloria? Debemos admitir que el pecado, como la muerte, es del dominio público en el mundo. Todo periódico ofrece un testimonio elocuente de la obra del pecado. Sin embargo, el pecado, como la muerte y Satanás, ha sido vencido. Cristo ya ha aparecido para quitar el pecado mediante el sacrificio de sí mismo (He 9:26). Ya se ha roto el poder del pecado. Pablo declaró: «Sabiendo esto, que nuestro viejo hombre fue crucificado juntamente con él, para que el cuerpo del pecado sea destruido, a fin de que no sirvamos más al pecado» (Ro 6:6). Aquí por tercera vez está la palabra «destruir» o «abolir». Cristo, como Rey, tiene como objetivo «destruir» todo enemigo (1 Co 15:24, 26). Sin duda, esta obra es futura, pero es también del pasado. Lo que nuestro Señor completará en su segunda venida lo ha comenzado ya mediante su muerte y resurrección. La «muerte» ha sido abolida, destruida (2 Ti 1:10); Satanás ha sido destruido (He 2:14); y en Romanos 6:6, «el cuerpo del pecado» ha sido abolido, destruido. La misma palabra de victoria, de la destrucción de los enemigos de Cristo, se usa tres veces en esta triple victoria: sobre Satanás, sobre la muerte y sobre el pecado.

Por tanto, ya no estamos sujetos a la esclavitud del pecado (Ro 6:6). El día de la esclavitud al pecado ha pasado. El pecado está en el mundo, pero su poder no es el mismo. Los hombres ya no están indefensos ante él, pues su dominación ha sido rota. El poder del reino de Dios ha invadido este siglo, un poder que puede hacer que los hombres sean libres de su servidumbre al pecado.

> La misma palabra de victoria, de la destrucción de los enemigos de Cristo, se usa tres veces en esta triple victoria: sobre Satanás, sobre la muerte y sobre el pecado.

El evangelio del reino de Dios es el anuncio de lo que Dios ha hecho y hará. Es la victoria sobre sus enemigos. Son las buenas nuevas de que Cristo regresará para destruir para siempre a sus enemigos. Es el evangelio de la esperanza. También son las buenas nuevas de lo que Dios ya ha hecho. Él ya ha roto el poder de la muerte, ha vencido a Satanás y ha vencido el gobierno del pecado. El evangelio es una promesa, pero también una experiencia, y la promesa está fundada en una experiencia. Lo que Cristo ha hecho garantiza lo que hará. Este es el evangelio que debemos llevar al mundo.

En segundo lugar, encontramos en Mateo 24:14 una *misión*. Este evangelio del reino, estas buenas nuevas de la victoria de Cristo sobre los enemigos de Dios, debe predicarse en todo el mundo para testimonio a todas las naciones. Esta es nuestra misión. Este versículo es uno de los más importantes de toda la Palabra de Dios para determinar el significado y el propósito de la historia humana. El significado de la historia es un problema que hoy confunde las mentes de muchos pensadores. No necesitamos recordar que nuestra generación encara una posible destrucción de tan grandes proporciones que pocos de nosotros tratamos de enfrentar mentalmente tan terrible realidad. Ante el hecho de tal amenaza catastrófica, el hombre se pregunta como nunca antes cuál es el significado de la historia. ¿Por qué está el hombre sobre la tierra? ¿Adónde se dirige? ¿Hay algún ápice de significado, de propósito, de destino, que llevará al hombre a alguna meta? O, para repetir una metáfora, ¿somos simplemente un grupo de títeres que salta sobre el escenario de la historia, cuyo destino es incendiar el escenario y destruir con eso a los títeres humanos sin dejar nada en pie más que un puñado de cenizas y olor a humo? ¿Será este el destino de la historia humana?

¿Por qué está el hombre sobre la tierra? ¿Adónde se dirige? ¿Hay algún ápice de significado, de propósito, de destino, que llevará al hombre a alguna meta?

En una generación anterior, la filosofía del progreso fue ampliamente aceptada. Algunos pensadores trazaron un diagrama para explicar el significado de la historia mediante una sola línea recta que describía una ascensión gradual pero firme desde los comienzos primitivos y salvajes hasta un alto nivel de cultura y de civilización. La filosofía del progreso enseñaba que la humanidad, debido a su carácter intrínseco, estaba destinada a mejorar hasta un día llegar a ser una sociedad perfecta, libre de toda perversidad, guerra, pobreza y conflicto. Este panorama ha sido destrozado sobre el yunque de la historia. Los acontecimientos actuales han hecho intolerable e irreal este concepto de progreso inevitable.

Otro punto de vista interpreta la historia con una serie de ciclos que forman una gran espiral. Esta describe un movimiento con alzas y bajas. Tiene puntos elevados y puntos bajos. No obstante, cada punto que señala una ascensión es más alto que el anterior, y cada punto que denota un ascenso no es tan bajo como el precedente. Aunque la espiral tiene alzas y bajas, su movimiento general es ascendente. Esta es una modificación de la doctrina del progreso.

Otras interpretaciones han sido totalmente pesimistas. Alguien ha sugerido que el gráfico más preciso del significado de la historia es el que un insecto borracho, con las patas humedecidas de tinta, trazaría al desplazarse sobre una hoja de papel blanco. Estas huellas no estarían orientadas en ninguna dirección determinada ni señalarían patrón alguno. Rudolf Bultmann, considerado en la actualidad como uno de los más distinguidos estudiosos del Nuevo Testamento, ha dicho lo siguiente: «Hoy no podemos afirmar que conocemos el fin y la meta de la historia. Por consiguiente, la cuestión del significado de la historia se ha convertido en tema sin sentido» (*Historia y escatología*, p. 120 de la versión en inglés).

Muchas de las mentes más privilegiadas de nuestra generación están luchando por resolver este problema. El determinismo económico del sistema marxista se sustenta sobre una filosofía de la historia que está fundada en el materialismo. No obstante, esta *sí es* una filosofía de la historia y promete a sus partidarios un destino. Spengler creía que el progreso era imposible y que la historia estaba condenada al desmejoramiento y la degeneración inevitables. Toynbee ha producido un voluminoso estudio que pretende encontrar patrones y ciclos de significado en la historia de las civilizaciones.

Por otro lado, notables estudiosos como Niebuhr, Rust y Piper han escrito trabajos serios que buscan una pista para el significado de la historia en la verdad de la revelación bíblica. Sin duda, este es un problema profundo y no deseamos echar a un lado las complejidades del asunto de un plumazo. Sin embargo, es la convicción del autor que el significado cabal de la historia debe encontrarse en la acción de Dios en la historia tal como ha sido registrado e interpretado en la Escritura inspirada. El cristianismo debe pronunciarse en este punto. Si Dios no existe, el hombre está perdido en un complejo laberinto de apabullantes experiencias que carecen de significado alguno que lo guíe. Si Dios no ha actuado en la historia, el flujo y el reflujo de la marea de los siglos va y viene sin orientación sobre las arenas de la eternidad. Sin embargo, el hecho básico de la Palabra de Dios es que él ha hablado, Dios ha estado trabajando de forma redentora en la historia; y la acción divina aún llevará la historia a una meta divinamente destinada.

Si no hubiera un Dios que maneja el timón de la historia, me sentiría pesimista. No obstante, creo en Dios. Creo que él tiene un propósito. Creo que él ha revelado en Cristo y en su Palabra su propósito en la historia. ¿Cuál es el propósito? ¿Dónde buscaremos sus lineamientos?

Uno viaja por el Cercano Oriente y contempla con admiración las ruinas que son testigos silenciosos de civilizaciones que una vez fueron poderosas. Todavía quedan columnas macizas que se elevan apuntando hacia el cielo, mientras que en otras partes enormes montones de peñascos sobre llanuras áridas denuncian los escombros acumulados de civilizaciones que dejaron de ser. La esfinge y las pirámides de Guiza, los pilares de Persépolis y las torres de Tebas aún constituyen testimonios elocuentes de la gloria que brilló en Egipto y en Persia. Todavía puede uno ascender la Acrópolis de Atenas o pasearse por el foro de Roma y percibir algo del esplendor y la gloria de las civilizaciones de los siglos primeros que, en ciertos aspectos, jamás han sido superadas. No obstante, hoy son ruinas, columnas derrumbadas, estatuas postradas, civilizaciones muertas.

¿Cuál es el significado de todo esto? ¿Por qué se levantan y caen las naciones? ¿Hay algún propósito en ello? ¿O simplemente se convertirá la tierra algún día en un astro sin vida, tan muerto como la luna?

La Biblia tiene una respuesta para esto. El tema central de toda la Biblia es la obra redentora de Dios en la historia. Hace mucho tiempo, Dios escogió un pueblo pequeño y frecuentemente despreciado: Israel. Dios no estaba interesado en ese pueblo exclusivamente; su propósito incluía a toda la humanidad. En su soberano designio, él seleccionó a este pueblo insignificante para desarrollar por medio de él su propósito redentor que finalmente incluiría a toda la raza humana. El significado definitivo de Egipto, de los asirios, de los caldeos y de las otras naciones del Antiguo Cercano Oriente se encuentra en la relación que tienen con la minúscula nación de Israel. Dios estableció reyes y los derribó para producir a Israel. Eligió este pueblo y lo preservó. Tenía un plan y estaba desarrollándolo en la historia. Llamamos a esto la Historia de la redención. Solo la Biblia, de entre todas las literaturas antiguas, contiene una filosofía de la historia, y es una filosofía de redención.

Entonces llegó el día cuando en «el cumplimiento del tiempo» apareció en la tierra el Señor Jesucristo, un judío, hijo de Abraham según la carne. El propósito de Dios hacia Israel fue llevado a su cumplimiento. Esto no significa que Dios haya terminado con Israel, pero sí quiere decir que cuando Cristo apareció, el propósito redentor de Dios por medio de Israel había alcanzado su objetivo inicial. Hasta ese momento, la clave del significado del propósito divino para la historia estuvo identificado con Israel como nación. Cuando Cristo acabó su obra redentora de muerte y resurrección, el propósito divino de la historia se trasladó de Israel, que había rechazado el evangelio, a la iglesia, la comunidad de judíos y gentiles que han aceptado el evangelio. Esto está demostrado en lo que dice nuestro Señor en Mateo 21:43 dirigiéndose a la nación de Israel: «Por tanto os digo, que el reino de Dios será quitado de vosotros, y será dado a gente que produzca los frutos de él». La iglesia es un «… linaje escogido, real sacerdocio, nación santa…» (1 P 2:9); y es en esta misión actual de la iglesia, conforme lleva la buenas nuevas del reino de Dios a todo el mundo, que el propósito redentor divino en la historia está llevado a cabo.

El significado cabal de la historia desde el momento de la ascensión de nuestro Señor hasta su venida en gloria se encuentra en la propagación y la obra del evangelio en el mundo. «Y será predicado este evangelio del reino en todo el mundo, para testimonio a todas las naciones; y entonces vendrá el fin». El propósito divino en los veinte siglos desde que nuestro Señor vivió en la tierra se encuentra en la historia del evangelio del reino. El hilo de significado está tejido con los programas misioneros de la iglesia. Algún día, cuando entremos a los archivos de los cielos, a buscar un libro que exponga el significado de la historia humana como Dios la ve, no sacaremos un libro que describa «La historia de occidente», o «El progreso de la civilización», o «La gloria del Imperio británico», o «El crecimiento y la expansión de Estados Unidos de América». Ese libro tendrá por título *La preparación y la propagación del evangelio por todas las naciones.* Solo aquí se avanza el propósito *redentor* de Dios.

Dios ha encargado a gente como nosotros, pecadores redimidos, la responsabilidad de llevar a cabo el divino propósito de la historia.

Este es un hecho impactante. Dios ha encargado a gente como nosotros, pecadores redimidos, la responsabilidad de llevar a cabo el divino propósito de la historia. ¿Por qué lo ha hecho Dios de esta manera? ¿No está corriendo el gran riesgo de que su propósito deje de cumplirse? Van ya más de veinte siglos y la meta todavía no ha sido alcanzada. ¿Por qué no lo hizo Dios por sí mismo? ¿Por qué no mandó huestes de ángeles en quienes podría confiar que completarían la tarea de una vez? ¿Por qué nos ha encomendado a nosotros? No tratarnos de contestar estas preguntas, excepto al afirmar que tal es la voluntad de Dios. Estos son los hechos: Dios nos ha encargado esta misión; y a menos que nosotros la hagamos, no se hará.

Este es también un hecho impresionante. La iglesia cristiana de hoy a menudo padece de un complejo de inferioridad. Hace unas cuantas generaciones, el pastor de una iglesia era el líder más educado y respetado de la comunidad. Hubo una época cuando, debido a esta situación cultural, la iglesia ejerció la influencia predominante en la estructura de la vida de la comunidad occidental. Esa época hace tiempo que pasó. Con frecuencia hemos sentido que el mundo ha lanzado la iglesia a un rincón y nos ha pasado por alto. La iglesia no cuenta en el mundo. Las Naciones Unidas no se dirige a la iglesia para pedirle consejo en la solución de sus problemas. Nuestros dirigentes políticos no buscan con frecuencia la dirección de los líderes de la iglesia. La ciencia, la industria, el trabajo, la educación: estos son los círculos donde se buscan generalmente la sabiduría y el liderazgo. La iglesia es echada a un lado. A veces tenernos la impresión de que realmente no cuenta para nada. Estamos al margen de la esfera de influencia, hemos sido expulsados a la periferia en lugar de ocupar el mismo centro; y nos lamentamos y deseamos que el mundo nos preste atención. Así caemos en una actitud defensiva e intentamos justificar nuestra existencia. Ciertamente nuestra mayor preocupación parece ser a menudo la de nuestra preservación, y asumimos una interpretación derrotista de nuestra importancia y de nuestra función en el mundo.

Permitamos que este versículo que comentamos arda en nuestros corazones. Dios no se ha expresado así de ningún otro grupo de personas. Estas buenas nuevas del reino de Dios deben ser predicadas, por así decirlo, por la iglesia en todo el mundo para testimonio a todas las naciones. Este es el programa *de Dios*. Esto quiere decir que en el significado final de la civilización moderna y del destino de la historia humana, usted y yo somos más importantes que las Naciones Unidas. Las acciones de la iglesia respecto al evangelio al final tienen mayor importancia que las decisiones del Kremlin. Desde las perspectivas de la eternidad, la misión de la iglesia es más importante que poner ejércitos en marcha o que las medidas tomadas por las capitales del mundo, porque es mediante el cumplimiento de esta misión que se cumplirá el propósito divino de la historia. Nada menos que esta es nuestra misión.

Abandonemos este complejo de inferioridad. Dejemos de lado para siempre esta actitud de autocompasión y lamentación por nuestra insignificancia. Reconozcamos que somos como Dios nos ve y avancemos en el programa que nos ha sido divinamente encomendado. Estas buenas nuevas del reino deben predicarse en todo el mundo para testimonio a todas las naciones y luego vendrá el fin. Me siento contento, en verdad orgulloso, de formar parte de la iglesia de Cristo porque a nosotros se nos ha encargado la tarea más significativa y valiosa que haya sido dada a una institución humana. Esto infunde a mi vida una importancia eterna, pues estoy participando en el plan de Dios para todos los tiempos. El significado y el destino de la historia están en mis manos.

Reconozcamos que somos como Dios nos ve y avancemos en el programa que nos ha sido divinamente encomendado.

Finalmente, nuestro texto contiene un *motivo* poderoso. «Entonces vendrá el fin». El tema de este capítulo es: ¿cuándo vendrá el reino? No estoy estableciendo ninguna fecha. No sé cuándo vendrá el fin. Sin embargo, sé lo siguiente: cuando la iglesia haya terminado su tarea de evangelizar al mundo, Cristo regresará. La Palabra de Dios lo dice.

¿Por qué no vino en el año 500 d. C.? Porque la iglesia no había evangelizado al mundo. ¿Por qué no volvió Cristo en el año 1000 d. C.? Porque la iglesia no había terminado su tarea de la evangelización del mundo entero. ¿Viene Cristo pronto? Sí, pronto, si nosotros, el pueblo de Dios, somos obedientes al mandato del Señor de llevar el evangelio a todo el mundo.

¡Cuánta sobriedad nos produce la comprensión de esto! Algunos se confunden tanto que dicen: «¡No puedo creerlo! Sencillamente no puede ser verdad que Dios haya encomendado tal responsabilidad al ser humano». Cuando William Carey deseaba ir a la India para llevar el evangelio a aquel país, hace un par de siglos, le dijeron: «Siéntese, joven, cuando Dios desee evangelizar a los paganos, él lo hará sin su ayuda». No obstante, Carey tenía la visión y el conocimiento de la Palabra de Dios que le decían que no se sentara a esperar. Se levantó y se fue a la India. El inició la época moderna de las misiones mundiales.

Dios nos ha confiado la continuación y la consumación de esa tarea. Respecto a esto hay algo que me emociona. Hemos llegado más cerca de la terminación de esta misión que cualquier otra generación anterior. Hemos hecho más durante los últimos dos siglos en la evangelización mundial que en todos los siglos precedentes desde la época apostólica. Nuestra tecnología moderna ha proporcionado la imprenta, los automóviles, los aviones, la radio y muchos otros métodos de acelerar nuestra tarea de llevar el evangelio a todo el mundo. Idiomas anteriormente desconocidos han sido dotados de formas escritas. La Palabra de Dios ha sido traducida, en ocasiones parcialmente, a más de 2000 idiomas y dialectos, y el número de idiomas a que se traduce crece todos los años. Aquí hay un hecho desafiante. Si el pueblo de Dios de todo el mundo tomara en serio el texto que comentamos y respondiera a su reto, podríamos terminar la tarea de la evangelización mundial en nuestra propia generación y ser testigos de la venida del Señor.

Alguien dirá: «Esto es imposible. Muchos países no están hoy abiertos para recibir el evangelio. No podemos entrar en China; las puertas de la India están cerrándose. Si el retorno del Señor espera que la iglesia evangelice el mundo, entonces no es posible que Cristo vuelva durante nuestra vida, porque tantos lugares están cerrados al evangelio que es imposible terminar ahora la tarea».

Esa actitud no está tomando a Dios en cuenta. Es verdad que muchas puertas están cerradas por el momento; pero Dios puede abrir las puertas cerradas de un día para otro y puede obrar por dentro de los lugares que tienen sus puertas cerradas. ¡Recordemos a Abisinia, también conocido como Imperio etíope! No me preocupan las puertas cerradas; me preocupan las puertas que están abiertas y no entramos por ellas. Si el pueblo de Dios fuera realmente fiel y estuviera haciendo todo lo posible por terminar la tarea, Dios haría que esas puertas cerradas se abrieran. Nuestra responsabilidad yace en las muchas puertas abiertas por las cuales no entramos. Somos un pueblo desobediente. Discutimos la definición de la evangelización mundial y debatimos los detalles escatológicos, pero descuidamos el mandamiento de la Palabra de Dios de evangelizar el mundo.

Alguien más dirá: «¿Cómo sabremos cuándo esté completa la misión? ¿Cuán cerca estamos del cumplimiento de la tarea? ¿Cuáles países han sido evangelizados y cuáles no lo han sido? ¿Cuán cerca estamos del fin? ¿No nos lleva esto a fijar una fecha?».

Mi respuesta es: no lo sé. Solo Dios conoce la definición de los términos. No puedo definir con precisión cuáles son «todas las naciones». Solo Dios sabe con exactitud el significado de «evangelizar». Solo él, que nos ha dicho que el evangelio del reino será predicado en el mundo entero para testimonio a todas las naciones, sabrá cuando se haya cumplido ese objetivo. Sin embargo, no necesito saberlo. Solo sé una cosa: Cristo no ha regresado todavía; por tanto, la tarea no se ha completado. Cuando esté hecha, Cristo vendrá. Nuestra responsabilidad no está en insistir sobre la definición de los términos de nuestra tarea; nuestra responsabilidad está en completarla. Mientras Cristo no regrese, nuestra tarea sigue vigente. Pongamos manos a la obra y completemos nuestra misión.

Nuestra responsabilidad no es salvar el mundo. No se nos exige que transformemos este siglo. El mismo párrafo del que nuestro versículo es la conclusión nos dice que habrá guerras y disturbios, persecuciones y martirios hasta el fin. Me alegro de que estas palabras estén en la Biblia. Me dan estabilidad. Me alejan de sentir un optimismo irreal. No debemos descorazonarnos cuando vengan los tiempos malos.

Mientras Cristo no regrese, nuestra tarea sigue vigente. Pongamos manos a la obra y completemos nuestra misión.

Sin embargo, tenemos un mensaje de poder para llevar al mundo: el evangelio del reino. En el transcurso de esta era, dos fuerzas están trabajando: el poder del Maligno y el reino de Dios. El mundo es el escenario del conflicto. Las fuerzas del Malo están agrediendo al pueblo de Dios, pero el evangelio del reino está atacando los dominios de Satanás. Este conflicto durará hasta el fin de esta edad. La victoria final será alcanzada solo con el retorno de Cristo. No hay lugar para abrigar un optimismo ilimitado. El discurso del monte de los Olivos, pronunciado por nuestro Señor, indica que hasta el mismo fin, la perversidad caracterizará esta edad. Falsos profetas y falsos mesías se levantarán y descarriarán a muchos. La iniquidad y el mal abundarán tanto que el amor de muchos disminuirá.

El pueblo de Dios estará llamado a soportar crueldades: «... En el mundo tendréis aflicción...» (Jn 16:33); «... Es necesario que a través de muchas tribulaciones entremos en el reino de Dios» (Hch 14:22). Siempre debemos estar dispuestos a soportar tribulación y también el reino y la paciencia de Jesucristo (Ap 1:9). De hecho, nuestro Señor dijo: «Mas el que persevere hasta el fin, este será salvo» (Mt 24:13). Aquel que soporte tribulaciones y persecuciones hasta lo último, aun hasta entregar su vida, no perecerá, sino que encontrará la salvación: «... y matarán a algunos de vosotros [...] Pero ni un cabello de vuestra cabeza perecerá» (Lc 21:16, 18). En su naturaleza esencial, la iglesia siempre deberá ser una iglesia mártir. No debemos esperar éxito ilimitado mientras llevamos el evangelio a todo el mundo. Debemos estar preparados para encontrar oposición, resistencia, persecución y martirio. Esta edad sigue siendo perversa, hostil al evangelio del reino.

Sin embargo, no hay lugar para un pesimismo sin remedio. En algunos estudios proféticos recibimos la impresión de que el fin de la edad, los últimos días, serán caracterizados por una maldad *total*. Se pone un énfasis indebido a veces en la naturaleza peligrosa que tendrán los últimos días (2 Ti 3:1). Según se nos dice, la iglesia visible estará *completamente* leudada por doctrinas impías. La apostasía prevalecerá en la iglesia de tal manera que solo un pequeño remanente será hallado fiel a la Palabra de Dios. Los días finales de este siglo serán el período laodiceano cuando la totalidad de la iglesia profesante será nauseabundamente indiferente a los asuntos eternos. En esta descripción de los últimos tiempos, el pueblo de Dios solo puede esperar derrotas y frustración. El mal reinará. La era de la iglesia terminará con una victoria sin par del mal. Algunas veces se hace tanto énfasis en el carácter perverso de los últimos días que recibimos la impresión (sin que ese sea el propósito, por supuesto) de que cuanto más rápidamente se deteriore el mundo, mejor, porque más pronto vendrá el Señor.

No puede negarse que la Escritura hace énfasis en la naturaleza perversa de los últimos días. De hecho, ya nosotros hemos enfatizado esa característica. El mal que caracteriza esta edad experimentará una intensificación temible durante los tiempos finales en su oposición y odio contra el reino de Dios. No obstante, esto no quiere decir que debemos caer en el pesimismo y abandonar el mundo en manos del mal y de Satanás. El hecho es que el evangelio del reino de Dios debe proclamarse por todo el mundo. El reino de Dios ha invadido el presente siglo malo. Los poderes del siglo venidero han atacado en este siglo. Los últimos días serán, ciertamente, días malos; pero «*en estos postreros días* [Dios] nos ha hablado por el Hijo...» (He 1:2). Dios nos ha dado un evangelio de salvación para los postreros días, un evangelio encarnado en el Hijo de Dios. Es más: «Y *en los postreros días*, dice Dios, derramaré de mi Espíritu sobre toda carne...» (Hch 2:17). Dios ha hablado en los últimos días y ha derramado su Espíritu en estos tiempos para dar poder y que se proclame la Palabra divina. Los postreros días serán malos, pero no ininterrumpidamente malos. Dios nos ha dado un evangelio para los últimos días y un poder para llevar las buenas nuevas a todo el mundo para testimonio a todas las naciones; entonces vendrá el fin.

Dios nos ha dado un evangelio para los últimos días y un poder para llevar las buenas nuevas a todo el mundo para testimonio a todas las naciones; entonces vendrá el fin.

Este debe ser el espíritu de nuestra misión en el presente siglo malo. No abrigamos un optimismo ingenuo, esperando que el evangelio conquiste al mundo y establezca el reino de Dios. Tampoco somos pesimistas desesperados que consideremos perdida nuestra tarea ante la perversidad de esta era. Somos realistas, bíblicamente realistas. Reconocemos el terrible poder del mal, pero aun así nos lanzamos en una misión de evangelización de magnitud mundial para obtener victorias para el reino de Dios hasta que Cristo retorne en gloria y cumpla su victoria final y más grande.

Aquí está el motivo de nuestra misión: la victoria final espera el cumplimiento de nuestra tarea; «... y entonces vendrá el fin». No hay otro versículo en la Palabra de Dios que diga: «Y entonces vendrá el fin». ¿Cuándo regresará Cristo? Cuando la iglesia haya terminado su tarea. ¿Cuándo finalizará este siglo malo? Cuando el mundo haya sido evangelizado. Los discípulos le preguntaron a Jesús: «... ¿cuándo serán estas cosas, y qué señal habrá de tu venida, y del fin del siglo?» (Mt 24:3). La respuesta fue: «Y será predicado este evangelio del reino en todo el mundo, para testimonio a todas las naciones; y ENTONCES vendrá el fin» (Mt 24:14, versalitas añadidas). ¿Cuándo? Será *entonces*; cuando la iglesia haya cumplido la misión que le ha sido divinamente asignada.

¿Desea usted la venida del Señor? Entonces se esforzará por llevar el evangelio al mundo entero.

¿Desea usted la venida del Señor? Entonces se esforzará por llevar el evangelio al mundo entero. Me preocupa que nos tomemos el asunto tan a la ligera considerando las claras enseñanzas de la Palabra de Dios, además de la definición explícita que nuestro Señor hizo de la tarea consignada en la gran comisión (Mateo 28:18-20). Jesús declaró: «... Toda potestad me es dada en el cielo y en la tierra» (Mt 28:18). Estas son las buenas nuevas del reino. Cristo le ha restado autoridad a Satanás. El reino de Dios ha atacado el reino de Satanás; esta edad impía ha sido agredida por el siglo venidero en la persona de Cristo. Toda autoridad es suya ahora. Él no mostrará esta autoridad en su gloriosa victoria final hasta que regrese, pero ya es suya. Satanás está derrotado y atado; la muerte ha sido vencida; el pecado está derrotado. Toda autoridad es suya. «Por tanto, id…» (v. 19). ¿Por qué? Porque toda autoridad, todo poder, es suyo; y porque él está esperando hasta que hayamos terminado nuestra tarea. Suyo es el reino; él reina en los cielos y manifiesta su reino sobre la tierra en la iglesia y a través de ella. Cuando hayamos cumplido nuestra misión, él volverá y establecerá su reino en gloria. Nosotros debemos no solo esperar su venida, sino también apresurar la venida del día de Dios (2 P 3:12). Esta es la misión del evangelio del reino; esta es nuestra misión.

ÍNDICE DE TEMAS

ÍNDICE BÍBLICO

ACERCA DEL AUTOR

George Eldon Ladd (1911-1982) fue profesor de Exégesis y Teología del Nuevo Testamento en el Fuller Theological Seminary, en Pasadena (California). Entre sus numerosas obras están *Teología del Nuevo Testamento, Los últimos tiempos, La esperanza bienaventurada,* entre otras.

OTROS TÍTULOS DEL AUTOR

Teología del Nuevo Testamento

Los últimos tiempos

La esperanza bienaventurada

¿HAS LEÍDO ALGO BRILLANTE Y QUIERES CONTÁRSELO AL MUNDO?

Ayuda a otros lectores a encontrar este libro:

- Publica una reseña en nuestra página de Facebook **@VidaEditorial**
- Publica una foto en tu cuenta de redes sociales y comparte por qué te agradó.
- Manda un mensaje a un amigo a quien también le gustaría, o mejor, regálale una copia.

¡Déjanos una reseña si te gustó el libro! ¡Es una buena manera de ayudar a los autores y de mostrar tu aprecio!

Visítanos en **EditorialVida.com** y síguenos en nuestras redes sociales.